Real 체험

미국 여행 · 생활 영어

이 을 터 지음

preface

이 책은 저자가 미국생활을 하면서 현지인들과 교류하고 체험하면서 정말로 필요한 영어를 상황별 대화체로 소개한 것이다.

책은 크게 세 가지 부분을 고려하여 구성하였다. 첫째는 자신과 한국에 대한 소개이다. 예를 들어, 미국에 살거나 여행하면서 누군가를 만날 때 혹은 공식적인 자리에서 자신을 어떻게 소개할 것인가? 미국사람들은 어떤 대화를 시작하기 전에 주말이나 날씨 이야기를 먼저 시작하는데 어떻게 표현할 것인가? 또 한국을 비롯해 자신이 사는 곳을 어떻게 소개하고 이야기할 것인지 등이다.

둘째는 미국의 사회시스템과 문화적 배경에 대한 설명을 곁들여서 미국영어에 대한 이해를 높이도록 하였다. 예를 들어, 커피점이나 레스토랑에서 음식을 주문하는 순서를 소개하여 원활하게 음식을 주문할 수 있도록 하였다. 특히, 한국과는 판이하게 다른 의료 및 보험 시스템도 자세히 소개하여 일반 병원 및 치과 진료를 예약하고 치료를 받을 수 있도록 하였다. 실제 미국생활 초보자가 미국의 병원에 전화로 예약하고 주치의를 선정하여 치료를 받기는 어려우니, 책의 내용을 잘 읽고 도움을 받기 바란다.

셋째로 이 책은 한국사람들이 궁금해 하거나 표현하고 싶은 영어들도 소개하였다. 예를 들어, 라디오에서 일기예보를 어떻게 하는지, 항공기를 탑승했을 때 승무원들이 탑승객들에게 하는 말은 무엇인지, 비행기를 타고 이륙하면 기장이 멘트를 하는데 무슨 말을 하는지,

현지인들과 식사 약속을 하고 싶은데 어떻게 제안할 것인지, 미국생활을 마치고 한국으로 돌아갈 때 지인들에게 어떻게 작별인사를 할 것인지 등이다. 기타 호텔 숙박하기, 쇼핑하기, 식료품 가게나 미용실을 이용할 때 필요한 표현들도 수록하였다.

이 책에 소개한 모든 표현들은 현지인 Louise Schefkowitz, Elena C. Pizarro와 미국 코넬대학교 교수였던 Sara Schaffzin이 철저히 감수하였다. 또 저자의 아내인 이지현(현재 서울 성동고등학교 영어 교사)도 초고를 읽고 조언과 감수를 해주었다.

이 책은 미국여행을 가는 사람을 비롯해 유학, 어학연수, 주재원 파견, 연구원, 사업 등으로 미국에 체류할 계획이 있는 사람들이 초기 정착시에 꼭 필요한 내용들이다.

저자는 많은 분들이 이 책을 통해 미국여행 및 생활영어에 두려움을 떨치고 적극적으로 대화를 할 수 있도록 도와주고 싶은 간절한 마음에서 이 책을 집필하였다. 이러한 저자의 마음을 헤아려 기꺼이 출판해 준 출판사 박영사 관계자분들에게 감사한다.

이 을 터 in New York

contents

Situation 1 만나고 헤어질 때 인사하기 ············ 001

Situation 2 자기 소개하기 ······················· 007

Situation 3 주말에 대해 이야기하기 ················ 015

Situation 4 사는 곳에 대해 이야기하기 ············· 021

Situation 5 날씨 이야기하고 일기예보 듣기 ·········· 027

Situation 6 레스토랑에서 음식 주문하기 ············ 035

Situation 7 커피 및 패스트푸드 주문하기 ··········· 047

Situation 8 전화로 피자 주문하기 ················ 055

Situation 9 식료품점에서 물건사기 ················ 061

Situation 10 옷을 사보자 ······················· 071

Situation 11 병원 예약하기 ······ 079

Situation 12 의사에게 진료받기 ······ 089

Situation 13 치과 예약하고 치료받기 ······ 097

Situation 14 미용실에 가기 ······ 105

Situation 15 비행기 내에서 ······ 113

Situation 16 호텔에 숙박하기 ······ 125

Situation 17 버스나 택시 타기 ······ 131

Situation 18 전화하고 Ride 부탁하기 ······ 137

Situation 19 약속 잡고 식사하기 ······ 143

Situation 20 작별 인사: 한국으로 떠나요 ······ 147

Situation 1

만나고 헤어질 때 인사하기

미국사람들은 정말 인사하기를 좋아한다. 서로 모르는 사이라도 서로 눈이 마주치면 가볍게 Hi!라고 하면서 인사를 교환한다. 미국사람들이 실제 서로 어떻게 인사를 주고 받는지 알아서 자신있고 친근하게 인사해보자.

안녕하세요!!

A	• Hi! • Hello! 안녕하세요![1] • Hi there!
B	• Hi. • Hello. 안녕하세요.
A	Good morning![2] 좋은 아침입니다!
B	Good morning! 좋은 아침입니다!
A	How are you? 안녕하십니까?
B	I'm (pretty) good, how are you?[3] 저는 (꽤) 좋습니다. 안녕하시죠?
A	How are you doing today?[4] 안녕하시죠?
B	I'm fine. Thanks. 저는 좋습니다. 감사합니다.

1 모두 '안녕하세요'라는 의미이지만 Hi는 매우 친근한 표현이며, Hello는 약간은 격식을 차린 인사말이다. Hi there는 누군가를 오랜만에 만났을 때 반갑게 하는 인사말이며 모르는 사람에게 인사를 건넬 때도 사용한다.

2 오전에는 이 표현으로 서로의 인사를 대신한다. 반면 Good afternoon이나 Good evening은 만날 때보다는 헤어질 때 주로 사용하는 표현이다.

3 How are you?에 대해 가장 보편적으로 답변하는 인사말이다.

4 매우 친근한 표현이며, 보통 상점의 점원이 손님에게 건네는 인사말이다.

별 일 없죠! 건강은 어떠세요?

A	Is everything OK? 별 일 없죠?[5]
B	Everything is OK, how about you? 별 일 없습니다. 당신은 어떠세요?
A	Are you OK? 괜찮습니까?
B	I'm fine, and you? 저는 좋습니다만, 당신은요?
A	Is anything wrong?[6] 뭔가 잘못되었나요?
B	No, nothing. Thanks. 아니오, 없습니다. 감사합니다.
A	How is it going?[7] 하는 일은 어때요?
B	It's going well. Thanks. 잘되고 있습니다. 감사합니다.
A	How are you feeling today?[8] 오늘 건강은 어떠세요?
B	• I'm feeling good today. 오늘 건강은 좋습니다. • I don't feel well. 오늘 건강이 별로입니다.

5 '모든 게 괜찮습니까?'로 번역될 수 있으나, '별일 없죠?'라는 의미이다.

6 상대의 안색이 좋지 않거나 안 좋은 일이 있을 때 묻는 말이다.

7 요즘 하고 있는 사업, 학업, 또는 연구 등 일반적인 일이 잘되고 있는지 묻는 말이다.

8 상대가 병치레를 했을 경우나 한국에서 상대의 컨디션을 묻는 것과 같은 뉘앙스의 인사말이다. 참고로 한국식으로 How about your condition?이라는 표현은 없다. 여기서 feeling은 감정적 기분상태가 아닌 신체적 건강상태를 의미함에 주의하자. 의사가 환자에게 건강을 물을 때도 이 표현을 많이 사용한다.

오랜만이네요! 잘 지내시죠?

A It has been a long time! 오랜만이네요!

B Yes. Long time, no see. How are you?
네. 오랫동안 못 뵈었네요. 안녕하세요?

A How have you been? 그동안 어떻게 지내셨나요?

B I have been OK, how about you?
저는 그동안 잘지냈습니다만, 당신은 어떠셨나요?

A What have you been doing? 무엇을 하고 지내셨나요?

B
- I have been studying. 저는 공부를 했습니다.
- Nothing much.[9] (how about) you?
  특별한 것은 없었습니다. 당신은요?

A Good to see you! 반갑습니다!

B Good to see you, too! 저도 반갑습니다!

9 I have not had a special thing(특별한 일이 있었던 것은 아니에요)와 같은 의미이다.

헤어질 때: 만나서 반가웠어요! 또 봐요!

A	It was nice to meet you![10]	당신을 만나서 좋았습니다!
B	(Nice to meet) you, too!	당신을 만나서 저도 좋았습니다!
A	It was nice to see you!	당신을 봐서 좋았습니다!
B	(Nice to see) you, too![11]	당신을 봐서 저도 좋았습니다!
A	It was nice to talk to you![12]	당신과 대화해서 좋았습니다!
B	(Nice to talk to) you, too!	당신과 대화해서 저도 좋았습니다!
A	Bye. See you.	잘가세요. 다음에 또 봐요.
B	Bye. See you.	잘가세요. 또 봐요.
A	(See you) later[13]	다음에 또 봐요.
B	Yeah. See you later.	그래요. 다음에 봐요.

10 어떤 사람과 처음으로 만나서 헤어질 경우에 meet 동사를 사용한다. 반면 일전에 만났던 사람과 헤어질 경우에는 see 동사를 사용함을 유의하자.

11 상대가 It was nice to see you라고 하면 '나도 그래'라는 표현으로 흔히 Me, too라고 생각할 수 있으나, 여기서 You too는 It was nice to see you, too의 준말이기에 Me too가 아닌 You too로 말함을 꼭 유의하자.

12 미국에서는 어떤 사람과 다소 장시간 대화를 하고 난 후에는 꼭 이런 표현을 하면서 헤어진다.

13 가까운 사이에는 See you를 생략하고 later로만 말한다.

오늘 하루도 즐겁게 보내세요!

A
- Have a nice day!
- Have a good day! 오늘 하루도 즐겁게 보내세요!
- Have a good one![14]

B Thanks. You, too! 감사합니다. 당신도 그러세요!

A
- Good afternoon! 좋은 오후 보내세요!
- Have a good evening![15] 좋은 저녁 보내세요!
- Good night! 안녕히 주무세요!
- Have a good weekend! 좋은 주말 보내세요!

B Thanks. You, too! 감사합니다. 당신도 그러세요!

14 보통 상점 점원들이 물건 계산을 마친 손님과 헤어질 때 하는 말로 매우 많이 사용되는 표현이다.

15 오후 4시 경에도 이 말을 하면서 헤어지기도 한다.

Situation 2

자기 소개하기

미국사람들은 사람이 모인 곳에서는 으레 서로가 자기를 소개한다. 자기를 소개하는 요령은 다양할 수 있으나 개인 신상을 먼저 소개하고, 미국에 온 이유와 체류 기간, 체류하는 동안 특별한 계획 등을 언급한 후 끝맺음 인사를 하면 좋다. 자기소개 예시를 본문에 제시하였으니, 자신의 상황에 맞게 각색하고 준비하여 멋지게 소개해 보자.

먼저 개인 신상에 대해 말해볼까요?

인사	• Hi, everyone! 안녕하세요, 여러분! • Good morning, everyone! 좋은 아침입니다, 여러분!
이름	• My name is Gil–Dong, Hong. 제 이름은 홍길동입니다. • I am Gil–Dong Hong. 저는 홍길동이라고 합니다.
국적	• I'm from South Korea.[1] 저는 한국에서 왔습니다. • I'm South Korean.[2] 저는 한국 사람입니다.
신분	• I'm a college student. 저는 대학생입니다. • I'm a junior at Hankuk University studying psychology. 저는 한국대학교 3학년이고 심리학을 공부하고 있습니다. • I'm working for Company A as manager in the marketing department. 저는 A라는 회사에서 마케팅 부서의 매니저로 일하고 있습니다. • I'm a tourist. 저는 여행객입니다.

1 I'm from (장소)는 고향이나 출신을 나타내기도 하지만 실제 미국에서는 '(장소)에서 왔습니다'의 뉘앙스가 더 강한 편이다.

2 만약 I'm Korean이라고 하면 North Korean과 혼동을 줄 수 있기에 South Korean이라고 하는 것이 좋다.

미국에서의 체류기간 및 이유, 특별한 계획 이야기해보기

도착

- I arrived here last Wednesday.
  저는 지난 수요일에 이곳에 도착했습니다.
- I have been here for almost a month.[3]
  제가는 이곳에 온 지 거의 한 달이 되었습니다.

체류 기간

- I'll stay for two months. 저는 2개월 체류할 계획입니다.
- I am here for one year. I have been here for three months already and will stay for another nine months.
  저는 이곳에 일 년 계획으로 왔습니다. 이곳에서 벌써 3개월을 지냈고 나머지 9개월을 더 머무를 예정입니다.

체류 이유

- I'm here to study at college.
  저는 대학에서 공부하기 위해 왔습니다.
- I'm here for two months to improve my English skill.[4]
  저는 영어능력을 향상시키기 위해서 이곳에 왔습니다.

3 It has been about a month since I came here라고 해도 되지만, 대화에서는 I have been ~으로 표현하는 편이다.

4 I'm here to learn English(저는 영어를 배우기 위해서 왔습니다)라고 표현할 수도 있으나, 사실 이 표현은 영어를 정말 모르는 사람에게만 해당된다.

미국에서의 체류기간 및 이유, 특별한 계획 이야기해보기

특별한 계획	• While I am staying here, I'd like to meet a lot of people and to experience different cultures. 이곳에 있는 동안, 저는 많은 사람들을 만나고 서로 다른 문화를 경험하고 싶습니다. • During my stay, my special plan is to go to Disney World in Florida. 이곳에 머무는 동안, 저의 특별한 계획은 플로리다에 있는 월트디즈니에 가는 것입니다. • I'm here to study English, so I'd like to concentrate on it. 저는 이곳에 영어를 공부하러 왔습니다. 그래서 영어공부에 집중하고 싶습니다.

끝맺음 인사하기

소개 종료 멘트	• That is my introduction. 제 소개는 여기까지입니다. • I'm done introducing myself. 제 소개를 다 했습니다.
끝맺음 인사	• You know, the weather is so beautiful recently.[5] I am enjoying it and I hope you, too. Have a nice weekend. Thanks. 여러분도 알겠지만 요즘 날씨가 좋습니다. 저는 화창한 날씨를 만끽하고 있습니다만, 여러분도 그랬으면 합니다. 즐거운 주말 보내길 바랍니 다. 감사합니다. • If you are interested in Korea and have questions, feel free to talk to me. I would be happy to answer them. Thanks. 한국에 관심이 있고 궁금한 점이 있으면 언제라도 제게 말해주세요. 제가 기꺼이 답해드리겠습니다. 감사합니다.

5 미국사람들은 날씨가 너무 화창하고 좋을 때 beautiful 형용사를 많이 사용한다.

자기소개 따라해보기

How are you? I am Gil Dong, Hong and I am South Korean. I'm working for Company A as manager in the marketing department. My company is located in Incheon, which is located west of Seoul. It takes about 1 hour by subway train from Seoul. I have worked there for 10 years.

I am here for one year. I have been here for three months already and will stay for another nine months. I came here with my wife, Ji Hyun and my 3 year old daughter, Hyo Jeong.

When we arrived here, the weather was too cold and it snowed a lot, so it was difficult for us to settle down. But the weather is getting warmer and we are almost finished adjusting, so we are happy and enjoying life in New York. Thanks.

안녕하세요. 저는 홍길동이라고 하며 한국 사람입니다. 저는 A라는 회사에서 마케팅부서 매니저로 일하고 있습니다. 제 회사는 서울에서 서쪽에 있는 인천에 있습니다. 서울에서는 지하철로 약 1시간 정도 걸립니다. 저는 이 회사에서 10년 정도 일하고 있습니다.

저는 이곳에 1년 계획으로 왔습니다. 벌써 이곳에서 3개월을 지냈고 나머지 9개월을 더 머무를 예정입니다. 저는 이곳에 아내 지현과 3살된 딸 효정이와 함께 왔습니다.

저희는 이곳에 도착했을 때, 날씨가 너무 추웠고 눈이 많이 내려서 정착하는데 힘들었습니다. 하지만 요즘 날씨가 따뜻해지고 있고 이곳에 적응도 거의 마쳐서 너무 좋고 뉴욕에서의 생활을 만끽하고 있습니다. 감사합니다.

처음 만난 상대에게 물을 수 있는 것과 그래서는 안 되는 질문들!

Safe questions (처음 만난 사람에게 물을 수 있는 질문들)	• Where are you from? 어디에서 오셨나요? • What do you study? 무엇을 공부하시나요? • What do you do? 어떤 일을 하시나요? • How long have you been here? 여기에 얼마 동안 지내고 계신가요?
Small talk (가벼운 대화거리)	• weather 날씨 • food 음식
처음 만나 사람에 묻지 않는 것들	• age 나이 • children 자녀 • marriage 결혼 여부 • salary 봉급 • girl friend or boyfriend 여자 친구나 남자 친구 등

다른 표현들도 알아두면 좋아요!

I was born on December 1st in 1990.[6]
저는 1990년 12월 1일에 태어났습니다.

I got married 3 years ago.
저는 3년 전에 결혼했습니다.

I am in the late twenties.
저는 20대 후반입니다.

My daughter is 2 years old.
제 딸은 2살입니다.

I have a 2 year old daughter.
저는 2살된 딸이 있습니다.

The day after I arrived, it snowed a lot.[7]
제가 도착한 다음 날에 눈이 많이 내렸습니다.

I like to watch movies now and then.
저는 가끔 영화보는 것을 좋아합니다.

6 날짜 앞에는 전치사 on을 사용하지만, 월만을 언급할 때는 전치사 in을 사용함을 유의한다(예: I was born in December).

7 도착한 다음 날이라는 표현으로 next day that I arrived를 사용하지 않음을 유의하자.

Situation 3

주말에 대해 이야기하기

미국에서 금요일이 되면 사람들끼리 주말에 어떻게 보낼 것인지를 묻고 대화하는 것을 즐겨한다. 월요일 아침이면 지난 주말을 어떻게 보냈는지에 대해 서로 이야기하는 것이 매우 일상적이다. 주말에 대해서 어떻게 묻고 대답하면 좋을지 알아보자.

이번 주말을 어떻게 보내실건가요?

A	• What are you doing this weekend? 이번 주말에 무엇을 할 것인가요? • Do you have any special plans this weekend? 이번 주말에 특별한 계획이 있나요?
B	• I'm going to have a chance to relax.[1] 저는 그냥 편히 쉴거에요. • This week I am studying in the library. 저는 이번 주에 도서관에서 공부할거에요. • My wife and I are planning to go to outdoor concert at Central Park on Saturday evening. 아내와 저는 토요일 저녁에 센트럴파크에서 열리는 야외콘서트에 갈 계획이에요. • I will do the laundry, go grocery shopping, and clean the house. That is my plan (These are my plans) for this weekend. 저는 세탁하고 식료품 사고, 집안 청소하는 것이 이번 주말 계획이에요.

1 I'm going to have a chance to relax는 직역하면 '나는 쉴 기회를 가질 예정이에요'인데, '편히 쉴거에요'라는 일상적인 표현이다. I'll relax로 해도 무방하고 I'll have a rest도 같은 의미로 사용할 수 있다.

지난 주말 어떻게 보내셨나요?

A

- How was your weekend?
  지난 주말 어땠어요? *가장 일반적인 질문.
- What did you do last weekend? 지난 주말에 무엇을 했나요?
- Did you have a good weekend? 주말 잘 보냈나요?
- Did you do anything interesting over the weekend?
  지난 주말에 재밌는 일이 있었나요?

B

- It was fine.[2] (= It was nice, It was OK.) 좋았어요.
- It was pretty boring actually. 사실 꽤 따분했어요.
- I did the laundry, went grocery shopping, and cleaned the house.[3]
  세탁하고 식료품 사고 집안 청소했어요.
- I had planned to go to the shopping mall, but instead I studied.
  쇼핑몰에 갈 계획이었는데, 그냥 공부했어요.
- I didn't do anything special. I had a chance to relax. And how about you?
  특별한 일은 없었고, 그냥 쉬었어요. 당신은 어땠어요?

2 '좋았었다'를 표현하는 보편적인 말이다.

3 세탁하다(do the laundry), 식료품 쇼핑하다(go grocery shopping), 집안 청소하다(clean the house)

만약 지난 주말에 맨하튼에 있는 메이시백화점에 갔었다면?

A	I went to Macy's Department Store in Manhattan last Saturday. 나는 지난 토요일에 맨하튼에 있는 메이시백화점에 갔었어요.
B	Why were you there?[4] 거기에 왜 갔었나요?
A	• I went there to buy something. 사려는 것이 있어서 갔어요. • I went to just see Macy's and Manhattan. 그냥 메이시백화점과 맨하튼 구경하려고 갔어요.
B	How long did it take to drive? 운전하는 데 얼마나 걸렸어요?
A	It took about one and half hours to drive there.[5] 약 한 시간 반 정도 걸렸어요.
B	How long were you there? 거기에서 얼마나 있었나요?

4 그대로 번역하면 '거기에 왜 있었느냐'이지만, '거기에 왜 갔었느냐'라는 의미로 통용되는 일반적인 질문임.

5 '시간이 걸리다'라는 표현을 할 때는 It takes about~을 사용함.

만약 지난 주말에 맨하튼에 있는 메이시백화점에 갔었다면?

A	I spent about 3 hours walking around.[6] 3시간 정도 걸어 다니면서 보냈어요.
B	Did you buy something? 뭘 좀 샀나요?
A	Yes, I bought shorts. 네. 반바지를 샀어요.
B	Do you like them? 맘에 들어요?
A	• Yes, I like them. 네. 맘에 들어요. • They are good (They are fine, They are OK). 좋아요.

6 '자신이 ~하는 데 시간을 보내다'를 표현할 때 spend 동사를 많이 사용함.

MEMO

Situation 4

사는 곳에 대해 이야기하기

미국에서 사람들을 만나면 서로가 어디에서 왔는지, 어디에서 살고 있는지 그리고 그곳에 대한 이야기를 한다. 특히 처음 만난 사람들과는 거의 대부분 사는 곳에 대한 이야기부터 한다. 미국사람들이 사는 곳에 대해 질문을 하면 거리낌 없이 소개를 해보자.

어디에서 오셨나요?

A	Where are you from?[1] 어디에서 오셨나요?
B	I'm from South Korea. 한국에서 왔습니다.
A	What's the population? 인구는 얼마인가요?
B	Almost 52 million. 약 5,200만명 정도입니다.
A	Where do you live in Korea? 한국 어디에서 사시나요?
B	I live in Incheon.[2] 인천에서 살아요.
A	Where is Incheon located? 인천은 어디에 있나요?
B	Incheon is located west of Seoul. 인천은 서울에서 서쪽에 위치해 있어요.
A	How far away from Seoul? 서울에서 얼마나 떨어졌나요?
B	It takes about 1 hour by car. 자동차로 1시간 정도 걸려요.

1 보통 '고향 또는 출신이 어디세요?'라고 알고 있으나, 상대가 어디에서 왔는지, 즉 국가가 될 수 있고, 이전에 살던 곳에 대한 물음이기도 하다.

2 미국에서 오랫동안 사는 사람이 아닌 경우 미국에 오기 전 한국에서의 거주지를 답한다. 특히, 미국에 오기 전에 살던 곳이라도 현재형을 사용한다는 점을 유의하자.

서울에서 사시나요?

A	Do you live in Seoul? 서울에 사시나요?
B	• Yes, I live in Seoul. 네, 서울에 삽니다. • No, I used to live in Seoul for almost 10 years. But I don't now. 아니오, 약 10년 정도 서울에서 살았었지만, 지금은 살지 않습니다.
A	How long have you lived there? 얼마 동안 서울에서 살고 있나요?
B	• I have lived there since I was born. 태어난 이후로 계속 살고 있어요. • I have lived there since I went to college. 대학에 들어간 이후로 서울에 살고 있어요. • I have lived there for 10 years. 10년 정도 살고 있어요.
A	How many people live in Seoul? 서울에는 몇 명이나 살고 있나요?
B	12 million people live in Seoul. 서울에 1,200만명 정도가 살고 있습니다.

미국에서는 어디에 사시나요?

A	Where do you live here? 여기서는 어디에서 사시나요?
B	• I live in New York city. 뉴욕시에서 살고 있어요. • I live in Maplewood Apartment on Fifth Avenue.[3] 5번가 메이플우드 아파트에서 살고 있어요. • I live on Fifth Avenue.[4] 5번가에서 삽니다.

3 현재 살고 있는 중이라고 해서 I'm living in ~ 으로 생각할 수 있으나, 이 표현은 임시적인 거주를 말할 때 사용하고, 장기간 거주를 뜻하는 '살고 있다'를 표현할 때는 I live in 현재형으로 표현한다.

4 한국에서 '~동에 살고 있어요'와 같이 어느 특정한 거주지를 말하고 싶지 않을 때 사용함. 접속사 'on'을 사용하는 것에 유의하자.

숫자를 어떻게 말할까요?[5]

1: one 일

10: ten 십

100: hundred 백

1,000: thousand 천

10,000: ten thousand 만

100,000: one hundred thousand 십만

1,000,000: million 백만

10,000,000: ten million 천만

100,000,000: one hundred million 억

1,000,000,000: billion 십억

5 많은 사람들이 한국이나 서울 또는 대화 상대가 살고 있는 지역의 인구수를 물어본다. 기본적인 인구수는 알고 있어야 하며 숫자를 영어로 어떻게 표현하는지도 반드시 알아두자.

MEMO

Situation 5

날씨 이야기하고 일기예보 듣기

미국에서 사람들과 만났을 때 날씨는 꼭 빠지지 않는 대화거리이다. 특히 비나 눈이 많이 와서 날씨가 썩 좋지 않은 지역에서는 사람들이 만나면 날씨부터 이야기한다. 날씨에 관해 말할 때 시제를 어떻게 사용해야 할지 유의하고 한국과는 다른 일기예보의 표현방식을 알아서 날씨를 자신있게 말해보자.

날씨가 너무 화창해서 좋네요!

A	• It is beautiful today.[1] 날씨가 화창하네요. • The weather is beautiful today, isn't it? 날씨가 너무 화창하네요. 그렇지 않나요?
B	• Yes, it is. 네, 정말 그러네요. • Yes, the weather is really nice. 네, 날씨가 너무 좋습니다.
A	It has been so rainy recently. But the weather is so nice today, isn't it? 요즘 계속 비가 왔는데, 오늘 날씨는 정말 좋네요. 그렇죠?
B	• Yes, it is sunny today. 네, 오늘 햇살이 비추네요. • Yes, finally the sun is out. 네, 마침내 해가 나왔네요.

1 날씨가 화창하다는 의미로 beautiful 형용사를 사용한다.

비가 내리네요!

A	• It's raining. 비가 내리네요. • It's pouring out 비가 억수처럼 쏟아지네요. • It's drizzling out. 비가 조금씩 내리네요.
B	Yes, it has been raining since last night. 네, 어제 저녁부터 비가 계속 내리네요.
A	Is it going to rain tomorrow? 내일도 비가 오나요?
B	Yes, the forecast is calling for rain. 네, 일기예보에서 비가 온다고 예보하네요.

밖에 눈이 내리나요?

A	Is it snowing outside. 밖에 눈이 내리나요?
B	Yes, it is. 네, 눈이 내리네요.
A	It snowed a lot last night. Did you see it? 어제 저녁에 눈이 많이 내렸는데, 봤나요?
B	• Yes, I saw it. 네, 봤어요. • Yes, I saw the heavy snowfall yesterday. 네, 어제 정말 많은 눈을 봤어요. • Yes, I drove home in it.[2] 네, 폭설을 뚫고 집까지 운전했어요.

2 I drove home during the snowstorm 의미이다.

미국 국영라디오 일기예보를 들어볼까요?

The evening forecast from the National Weather Service calls for mostly cloudy skies tonight. Showers are likely mainly in the evening with lows in the fifties. Mostly cloudy skies tomorrow with a chance of showers, highs in the mid seventies. Mostly cloudy tomorrow evening, a chance of showers and thunderstorms, lows near sixty.

국가기상청에서는 오늘 저녁 대부분 흐린 날이 될 것으로 예보합니다. 저녁에 소나기가 올 가능성이 많고 온도는 50도까지 내려가겠습니다. 내일도 소나기가 내릴 가능성이 높고 흐린 날이 될 것이며 온도는 70도 중반까지 오르겠습니다. 내일 저녁에도 흐리고, 소나기와 천둥번개 가능성이 있으며 온도는 60도 근처에 머물겠습니다.

- Lows in the fifties
  화씨 50도 초반(50~53도)까지 온도가 내려간다는 것을 의미함.
- Highs in the mid seventies
  화씨 70도 중반(75도)까지 온도가 올라간다는 것을 의미함.
- Lows near sixty
  화씨 60도 하반부로 59~60도 정도를 말함.
- Lows around sixty
  화씨 60도 전후로 58~62도 정도를 말함.

날씨 용어들

Rain shower 소나기

Scattered shower 때때로 소나기

Isolated shower 국지성 소나기

Thunderstorm 번개 치는 폭풍우

Scattered T-storm 산발적으로 번개 치는 폭풍우

Isolated T-storm 국지적으로 번개 치는 폭풍우

Rain-storm 폭풍우

Hurricane 허리케인

Blizzard 눈폭풍

Tornadoes 토네이도

Earthquake 지진

다른 표현들도 알아볼까요!

It is breezy today.[3]
오늘 바람이 부네요.

It is windy today.[4]
오늘 정말 바람이 세게 부네요.

It is nasty today. (=It is a bad weather today)
오늘 날씨가 정말 좋지 않네요.

The temperature is fluctuating a lot recently.
요즘 일교차가 너무 심해요.

It snows a lot here.
네, 여기는 눈이 많이 내려요.

The weather is dreary (cold) today.
오늘 날씨가 음산해요(추워요).

It has been cold (chilly) lately.
요즘 날씨가 추워요.

3 약간 선선하게 부는 산들바람 정도를 의미.

4 나뭇가지가 흔들릴 정도로 바람이 세게 불 때 사용하는 표현.

MEMO

Situation 6

레스토랑에서 음식 주문하기

미국의 일반적인 레스토랑에서는 음료수부터 주문하기 시작해서 메인메뉴, 샐러드 드레싱, 사이드메뉴, 디저트 등의 주문 순서가 있다. 그리고 식사하는 동안 Server가 중간 중간 찾아와서 필요한 것에 대해 묻기도 하며 음식 그릇이 비워지면 신속히 치워준다. 식사 후 계산은 레스토랑 입구의 계산대가 아닌 테이블에서 직접한다. 이러한 과정을 알고 필요한 표현을 알아서 식사를 즐겁게 해보자.

어서 오세요! 어떤 자리를 드릴까요?

Receptionist[1]	How many people?[2] 몇 분이십니까?
Customer	We are two (Just two). 두 명입니다.
Receptionist	Where would you like to sit? 어디에 앉고 싶으세요?
Customer	• I prefer a table by the window. 창가 쪽을 선호합니다. • It doesn't matter. 아무 곳이나 괜찮습니다.

1 레스토랑 입구에서 손님을 맞이하고 좌석까지 안내하는 종업원.

2 레스토랑 입구에서 Help your seat(원하는 자리에 앉으세요)라는 푯말이 있으면, 말 그대로 원하는 자리를 찾아서 앉으면 된다. 그러나 대부분의 레스토랑은 Please, wait to be seated(자리를 안내할 때까지 기다리세요)라는 표시가 있기 때문에 안내원(receptionist)이 자리를 안내할 때까지 기다리면 된다.

우선 음료는 무엇으로 드시겠습니까?

Server	Good evening, my name is Sara. I'll be your server this evening. Would you like something to drink?[3] 안녕하세요. 제 이름은 사라입니다. 제가 오늘 저녁 손님의 저녁식사를 서비스합니다. 음료를 드시겠습니까?
Customer	• I'd like a coke. 네, 콜라 한 잔 주세요. • Just water, please. 물 한 잔 부탁합니다. • No, thanks. 괜찮습니다. 안 마시고 싶습니다. • Do you have a beer or wine list? 맥주나 와인 메뉴 리스트가 있나요? • What do you have on tap?[4] 오늘 들어온 생맥주는 무엇인가요?
Server	• I'll be right back with your drinks. 음료를 가지고 곧 오겠습니다.

3 안내원이 자리를 배정하고 나면, 새로운 종업원이 와서 자신의 이름을 소개하고 손님을 서비스할 것이라고 말한다. 그리고 종업원이 가장 먼저 묻는 것은 Would you like something to drink?(음료는 무엇으로 하시겠습니까)이다.

4 tap은 생맥주(draft beer)를 말한다.

메인메뉴를 결정하셨나요? 주문하시겠습니까?

Server	May I take your order? 주문하시겠습니까?
Customer	• Are there any specials for today? 오늘의 특별메뉴가 있나요? • What is the house specialty here? 이 레스토랑의 특별메뉴는 무엇인가요? • No, not yet. We need a few more minutes. 아니오. 아직 결정 못했네요. 시간이 좀 더 필요하네요. • We are having trouble deciding, what would you recommend? 메뉴를 결정하는 데 어려움을 겪고 있는데, 권유해 줄 수 있나요?
Server	We are well-known for grilled tuna. 저희 레스토랑은 참치구이가 유명합니다.

저는 스테이크를 먹겠습니다!

Server	Are you folks ready to order yet, or do you need a few more minutes? 우리 손님들! 이제 주문하시겠습니까? 아니면 시간이 더 필요하십니까?
Customer	I think we are ready. I will have the roast beef and she will have the grilled tuna.[5] 주문할 준비가 된 것 같습니다. 저는 소고기구이를 먹고 이 여성은 참치구이를 먹겠습니다.
Server	How would you like your steak? 스테이크 굽기는 어떻게 해드릴까요?
Customer	• Well-done, please. 완전히 구워주세요. • Medium-well, please.[6] 중간보다는 더 굽되, 완전히 굽지는 말아주세요.

5 자신이 동반한 상대의 메뉴를 주문해줄 때 남자일 경우는 He, 여자일 경우는 She라고 표현한다.

6 완전히 익힌 것과 중간 익힌 것 사이를 medium-well이라고 하며 medium-well done으로 표현하지 않음을 주의하자.

샐러드 드레싱은 어떤 걸로 하시겠습니까?

Server	What kind of dressing would you like on your salad? 샐러드의 드레싱은 어떤 걸로 해드릴까요?
Customer	I will have the creamy Italian and she will have the honey mustard. 저는 크리미 이탈리언으로 하고 이 여성분은 허니머스터드로 하겠습니다.
Server	What do you want on the side? 메인음식에 곁들여 나오는 음식은 무엇으로 하시겠습니까?
Customer	She will have a baked potato and I will have the rice pilaf. 이 여성분은 구운 감자로 하고 저는 볶음밥으로 하겠습니다.

식사는 괜찮습니까?

Server

- Is everything OK?[7]
  식사는 괜찮습니까? 필요한 게 있으면 말씀하세요.
- How is everything?
  식사는 마음에 드십니까? 필요한 게 있으면 말씀하세요.

Customer

- Yes, everything is fine. Thanks. 네. 좋습니다. 감사합니다.
- Would you please bring me one more plate?
  평평한 접시 하나 더 가져다 주시겠습니까?

7 미국 레스토랑에서 식사를 하면, 종업원이 중간에 두 번 정도는 찾아와서 이 말은 건넨다. 직역하면 '모든 게 좋습니까?'이지만, 정작 의미는 '식사는 괜찮습니까? 혹시 필요한 것이 있으면 말하세요'라는 의미이다. 이때 대답은 보통 Yes, No 형태를 취하는 게 보통이다.

식사는 다 하셨습니까? 그릇을 치울까요?

Server	• Are you done? 식사는 다 하셨습니까? • May I take your plate? 식사 다 하셨으면, 그릇을 치워드릴까요? • Are you all set?[8] 식사는 다 하셨습니까?
Customer	• Yes, I'm done (=I'm finished). 네. 다 했습니다. • No, I'm not finished, yet. 아니오. 아직 식사중입니다. • No, I'm a slow eater. I'm still working on this.[9] 아니오. 저는 천천히 식사하는 사람입니다. 지금도 식사하고 있습니다.

8 all set은 '모든 게 끝났다'라는 의미이다. 병원에서 치료를 마친 후나 상점에서 계산을 한 후에 점원이 You are all set이라고 말하면 You are finished and can go(치료나 계산이 끝났으니 이제 가도 된다)라는 뜻이다.
예문에서와 같이 레스토랑 Server가 Are you all set?이라고 할 경우는 '당신은 식사를 다 하셨습니까?'라는 의미이며 상당히 공손한 표현이다. 그리고 Is there anything else you want?(다른 필요한 게 있나요?)라는 뜻도 내포하고 있다.

9 여기서 working은 식사중이라는 의미로, 종업원이 식사를 다했는지 물어볼 때 매우 빈번하고 유용하게 사용할 수 있는 표현이다.

디저트를 드시겠습니까?

Server

- Would you like to order dessert?
  드저트를 주문하시겠습니까?
- What would you like for dessert?
  어떤 드저트를 원하십니까?

Customer

- What kinds of dessert do you have?
  어떤 디저트들이 있나요?
- I'm going to go for a piece of the apple pie.
  저는 애플파이 한 조각을 먹겠습니다.
- I'm really stuffed. I don't think I have any room for dessert.
  저는 정말 배가 불러요. 디저트를 먹을 공간이 없다는 생각이 듭니다.
- No, thanks. May I have the check, please.
  디저트는 괜찮습니다. 계산서를 주시겠어요?
- We will pass on the dessert and just take the check.
  우리는 디저트는 생략하겠으니 계산서를 부탁합니다.

식사를 제가 사겠어요!

Server	Here is your check. Take your time. I'll collect it when you are ready.[10] 계산서입니다. 천천히 하십시오. 준비가 되시면 계산하겠습니다.
Customer 1	• I will pay for it. 제가 사겠습니다. • I got it. 내가 사겠어.[11] • It's on me 내가 사겠다. • I will pay for lunch. 점심은 내가 사겠어요.
Customer 2	• No, let's split the bill. 아니에요. 나눠서 내요. • Okay, next time, I'll pay. 알겠어. 다음에는 내가 사겠어요.
Server	Do you want to pay now? 지금 지불하시겠습니까?
Customer 1	I will give you $50 dollars. Just want 2 dollars back. The rest is yours.[12]. 2달러만 돌려주세요. 나머지는 당신의 팁입니다.

10 collect는 '돈을 징수하다' 의미이다.

11 점심이나 저녁식사 등을 지칭하지 않고 간단히 it을 사용함을 유의하자.

12 미국 레스토랑에서는 식사 후 Tip(봉사료)을 주어야 한다. 만약 식사비가 $40이며 팁으로 $8를 주고 싶을 때, $50를 주면서 이렇게 말할 수 있다. 보통 현금으로 식사비만을 계산한 후에 받은 Singles($1 지폐들)을 팁으로 테이블에 두는 방법도 있다. 신용카드로 계산할 경우에는 계산서에 Tip 액수를 기재하는 란이 따로 있어 음식값과 같이 지불하면 된다.

다른 표현들도 알아두면 좋아요!

Excuse me, we have been waiting for about 20 minitues, will it be much longer?
실례합니다만, 우리는 약 20분 정도를 기다리고 있는데, 더 기다려야 하나요?

Just a few more minutes, someone is about to leave.
몇 분만 더 기다리시면 될 것 같습니다. 어떤 분이 지금 나가시려고 합니다.

Can you wrap that for me? 음식을 포장해 주시겠습니까?[13]

What would you like? 무엇을 드시겠습니까?

I'd like something sweet. 뭔가 단 것을 먹고 싶습니다.

I'm in the mood for something sweet.
나는 뭔가 단 것을 먹고 싶은 기분이다.

I had a small lunch, so I'm hungry. 점심을 적게 먹어서 배가 고파.

I had a big lunch, so I don't want to have dinner now.
점심을 많이 먹어서 지금 저녁식사를 하고 싶지는 않아.

I'd like some more coffee. 커피를 더 마시고 싶습니다.

13 식사 후 남은 음식은 포장해서 가져가고자 할 때 사용할 수 있는 표현이다.

MEMO

Situation 7

커피 및 패스트푸드 주문하기

미국은 커피와 패스트푸드의 천국이라고 할 만큼 어디서나 커피를 저렴하게 마실 수 있고, 패스트푸드를 먹을 수 있다. 커피와 패스트푸드 본 고장에 왔으니 자신있게 주문하여 시식해보면서 미국 문화를 체험해보자.

어떤 커피를 드릴까요?

Barista	• May I help you?[1] 어떤 커피를 드릴까요? • What can I get for you? 어떤 커피를 드릴까요? • What are you in the mood for today?[2] 무슨 커피를 마시고 싶으세요? • Which coffee do you want? 어떤 커피를 원하세요?
Customer	• May I have a small coffee, please?[3,4] 작은 사이즈 커피 한 잔 주십시오. • Can I get a medium coffee to go, please. 밖으로 가지고 나갈 중간사이즈 커피 한 잔 주시면 합니다. • Two small coffees, please.[5] 작은 커피 두 잔 주세요.

1 직역하면 '무엇을 도와드릴까요'이나 커피집에서 점원이 이 말을 할 때는, '어떤 커피를 드릴까요'라는 의미이다. Can I help you?라고도 한다.

2 '오늘 기분이 어떠세요'라는 의미가 아니다.

3 May I have +개수+사이즈+종류, please라고 하면 된다.

4 20대들은 Can I get a small coffee, please를 더 많이 사용하는 편이다. 또는 Let me have a small coffee?라고도 할 수 있다. May I have ~ 가 가장 정중한 표현이다. 이외에도 I'd like ~ I'm gonna have ~, I'll get ~ 등도 있다.

5 미국의 커피점에서 사용하는 컵 사이즈는 일반적으로 small, medium, large이다. 단, 스타벅스에서는 short, tall, grande, venti로 구분되어 있다.

크림과 설탕을 드릴까요?

Barista	Anything else? 다른 필요한 것은요?
Customer	• No, thanks/Nothing else. 아니오, 괜찮습니다/특별히 없습니다. • I'd like an oatmeal cookie. 오트밀 쿠키 하나 주세요.
Barista	• Do you want cream and sugar? 크림과 설탕을 드릴까요? • Do you need room (for cream)?[6] 크림을 위한 공간이 필요하세요?
Customer	• No. Thanks. 아니오. 괜찮습니다. • Yes. Please. 네. 주세요./그렇게 해주세요.

6 미국에서 커피를 주문하면 점원이 이 말을 꼭 물어본다. 그 이유가 커피를 보통 뚜껑이 있는 종이컵에 가득 주는데 손님이 커피에 우유(크림)나 꿀을 첨가해서 마실 경우 공간이 필요하기 때문이다.

커피를 여기서 드실건가요? 들고 나가실건가요?

Barista	Here or to go?[7] 여기서 드실건가요? 아니면 포장해드릴까요?
Customer	• To go, please.[8] 포장 용기에 주세요. • For here, please. 여기서 마실 것입니다.
Barista	• Total comes to $5. 총 5달러입니다. • $5 is your total. 5달러가 전체 금액이네요. • $1.80 (A dollar eighty) 1달러 80센트입니다.
Customer	Here you go. 여기요.

7 원래 표현은 Is that for here or to go?이다.

8 '~ to go'는 I will take it to go(커피를 들고 밖으로 나간다)의 의미로 포장 용기에 커피를 달라는 의미이다. 사실 미국 내 커피점에서는 거의 대부분 뚜껑이 있는 종이컵으로 주기 때문에 '밖으로 가지고 나갈 커피'라는 사실을 꼭 밝힐 필요는 없지만 베이커리나 레스토랑에서 커피를 밖으로 가지고 싶다면 이 표현이 유용하다.

패스트푸드점에서 햄버거를 어떻게 주문할까요?

Clerk	May I help you? 무엇을 드릴까요?
Customer	• Let me have a big Mac combo?[9] 빅맥 콤보 하나 주세요. • Can I get a big Mac sandwich to go, please?[10] 빅맥 샌드위치 포장해 주시겠습니까? • May I have a whopper meal and small fries and coke, please?[11] 와퍼 밀을 주시는데, 감자튀김과 콜라는 작은 사이즈로 주시기 바랍니다.

9 여기서 Combo는 햄버거 이외에 콜라와 감자튀김을 포함한 것을 말하며 소위 한국처럼 세트메뉴라고 하지 않는다.

10 Mac sandwich는 콜라와 감자튀김을 제외한 단지 햄버거 하나만을 의미한다.

11 버거킹의 Whopper meal은 햄버거, 감자튀김, 그리고 콜라가 포함된 것을 말하는데, 특별히 말하지 않으면 감자튀김과 콜라를 중간 사이즈로 주며 추가 요금도 내야 하기 때문에 현재 표현처럼 미리 작은 사이즈라고 말하는 것이 좋다.

서브웨이에서 샌드위치를 어떻게 주문할까요?

Clerk	What kind of bread and size do you want? 어떤 종류와 크기의 빵을 드릴까요?
Customer	• 6 inch, 9 grain Italian honey oat, please. 6인치 크기의 9가지 곡물에 꿀이 첨가된 이태리 귀리빵으로 주세요. • Footlong, wheat, please. 풋롱 크기(12인치)의 휘트빵으로 주세요.
Clerk	What kind of sandwich would you like?[12] 어떤 종류의 샌드위치를 원하세요?
Customer	• Steak and cheese, please. 스테이크와 치즈로 주세요. • Tuna, please. 참치로 주세요.
Clerk	What kind of cheese would you like? 치즈는 어떤 걸로 드릴까요.
Customer	American cheese, please. 미국 치즈로 주세요.
Clerk	Do you want it toasted? 빵을 구워드릴까요?
Customer	• No, thanks. 아니오. • Yes, please. 네. 그래주세요.

12 샌드위치에 들어가는 기본 메뉴를 말한다.

서브웨이에서 샌드위치를 어떻게 주문할까요?

Clerk	What kind of veggies would you like? 야채는 어떤 걸로 드릴까요?
Customer	• Onions, tomatoes, olives, and lettuce, please. 양파, 토마토, 올리브, 그리고 상추로 주세요. • Everything except for hot pepper, please. 매운 고추를 제외하고는 다 넣어주세요.
Clerk	What kind of dressing would you like? 드레싱은 어떤 걸로 드릴까요?
Customer	• Sweet onion sauce please, if you have it. 달콤한 양파 소스 있으면, 그걸로 주세요. • Honey mustard, please. 꿀과 겨자가 섞인 걸로 주세요.

MEMO

Situation 8

전화로 피자 주문하기

미국에서도 전화로 각종 음식을 주문할 수 있다. 전화로 주문해서 간편하게 먹을 수 있는 대표적인 음식이 피자이다. 피자를 주문할 때 단순 메뉴의 피자를 주문하기는 그리 어렵지 않지만 자신이 직접 토핑이나 빵의 두께 및 테두리 등을 선택할 경우가 있다. 또한 주문자 정보에 대해 매우 빠르고 간단히 묻기 때문에 그 내용을 모를 경우에는 순간 당황할 수 있다. 하지만 상대가 묻는 내용과 순서를 알고 있으면 손쉽게 주문할 수 있으니, 전화로 전형적인 미국 피자 맛을 느껴보자.

잭슨 피자입니다. 포장입니까? 배달입니까?

Clerk	Thank you for calling. This is Jackson's Pizza. Pick up or delivery? 전화주셔서 감사합니다. 잭슨 피자입니다. 직접 찾아갑니까? 아니면 배달입니까?
Customer	• Delivery please. 배달해주세요. • I will pick up.[1] 직접 찾아갑니다.
Clerk	Your address? 배달할 주소는요?
Customer	• My address is 201 Maple Ave. Maplewood Apartment B06. 제 주소는 메이플가 201번지 메이플우드 아파트 B06입니다.
Clerk	Your phone number? 전화번호는요?
Customer	607-220-0630.

1 전화주문 후 주문자 본인이 직접 매장에 가서 찾아간다는 뜻.

어떤 피자를 드릴까요?

Clerk	What would you like? 어떤 피자를 드릴까요?
Customer	• I'd like a medium pizza with pineapples and mushrooms.[2] 파인애플과 버섯이 토핑으로 들어간 중간 크기의 피자를 주세요. • I'd like a large pizza with half pineapple and half pepperoni.[3] 한 쪽은 파인애플, 다른 한 쪽은 페퍼로니를 토핑한 큰 사이즈 피자 한 판 주세요. • May I have a medium hand tossed philly cheese steak pizza, please. 중간 크기의 손으로 토스트한 필리치즈 스테이크 피자 한 판 주시겠습니까?

2 음식을 주문시에 [I'd like+명사]는 '~주세요'라는 의미이다.

3 한국에서 반반이라고 부르는 형태이다.

다른 필요한 것은요? 할인쿠폰 있습니까?

Clerk	• Anything else? 다른 필요한 것은요? • Anything to drink? 마실 것도 드릴까요?
Customer	• No, thanks 아니오, 괜찮습니다. • Would you please use less sauce than usual?[4] 토마토 소스를 조금 적게 넣어주시겠습니까? • Yes, 2 liter coke please. 2리터 콜라 주세요.
Clerk	Do you have a discount coupon? 할인쿠폰 있습니까?[5]
Customer	• Yes, I have a $3 off coupon. So how much will that be?[6] 네, $3 할인쿠폰이 있습니다. 그래서 총금액은 얼마가 될까요? • No, how much all together? 아니오, 모두 합해서 얼마입니까?

4 여기서 sauce는 토마토소스를 지칭한다.

5 전화번호부 뒷면에는 피자 할인쿠폰이 있다.

6 가격을 물어보는 대표적인 표현이 How much is it? 있는데, 전화 주문일 경우에는 이 표현을 쓰지 않는다. 전화 주문시 음식가격에는 배달요금도 포함시켜야 하고, 전체 금액의 세금도 계산해야 하며 할인쿠폰이 있을 경우 정상가격에서 차감을 해서 '금액은 어느 정도인가요?'라는 의미의 표현으로 묻는 게 일반적이다. 상점에서 제품의 정찰제 가격을 물어볼 때는 How much is it?이라고 한다.

지불은 어떻게 하시겠습니까?

Clerk	Total comes to $15. How do you want to pay for that? Cash or credit? 총 15달러입니다. 어떻게 지불하실 건가요? 현금 혹은 신용카드?
Customer	I will pay in cash. How long does it take? 현금으로 지불할 것입니다. 배달하는 데 얼마나 걸리나요?
Clerk	It takes 30~45 minutes, we will be there around 3.[7] 30~45분 정도 걸립니다. 3시 경에 도착할 것입니다.
Customer	I got it. Thanks. 알았습니다. 감사합니다.
Clerk	You're welcome. 천만에요.

7 '~시까지 도착하겠다'는 의미로 '~ will be there(거기에 있을 것이다)'라고 표현한다.

드디어 피자가 배달되었네요. 거스름돈을 어떻게 받을까요?

Driver	Hi! Your total comes to 15 dollars. 안녕하세요. 총 15달러입니다.
Customer	I will give you 20 dollars. I just want 2 dollars back. The rest is yours.[8] 20달러 드릴테니, 2달러 돌려주세요. 나머지는 팁입니다.

8 단지 Just 2 dollars back please 해도 무방하다.

Situation 9

식품점에서 물건사기

미국의 식품점(grocery store)은 소규모 개인 상점에서부터 Tops나 P & C Food와 같은 대규모 매장이 있으며 식료품부터 가정용품까지 다양하게 판매한다. 해당 식품점의 고객보너스카드를 만들면 할인도 해주고 덤으로 주는 것들이 많으니 꼭 활용해보자. 이곳에서 물건을 구매할 때 단순히 물건을 고르고 계산만 하면 될 것 같지만, 점원에게 물건을 찾아달라고 부탁하거나 계산시 점원이 고객에 물어보는 것들이 있으니 이 표현들을 알아서 즐거운 쇼핑을 해보자.

손님, 어떤 물건을 찾으시나요?

Clerk	• What are you looking for? 어떤 것을 찾고 계십니까? • Can I help you find something? 물건 찾는 것을 도와드릴까요? • What can I help you to find? 무엇을 찾아드릴까요?
Customer	• I'm just looking around. 그냥 구경하고 있습니다. • I'm looking for pears. 배를 찾고 있습니다. • Could you please tell me where dishes are? 접시들이 어디 있는지 말해주시겠습니까?

보너스카드가 있습니까?

Clerk	• Do you have a bonus card?[1] 보너스카드가 있습니까? • Do you have an ID?[2] 신분증을 가지고 계십니까?
Customer	• Yes, I have. Here you go. 네. 여기 있습니다. • No, I forgot to bring it. 아니오, 가져오는 것을 잊어버렸네요.
Clerk	What is your date of birth?[3] 생년월일이 어떻게 되십니까?
Customer	November 6, 1990. 1990년 11월 6일입니다.

1 미국 식품점 Tops, Wal-Mart, P&C, Rite Aids 등에서는 고객에게 보너스카드를 발급하여 제품가격을 할인해주고 구매금을 적립할 수 있게 하는데 이 카드를 가지고 있는지 여부를 묻는 말이다.

2 ID는 identification의 준말로 소위 운전면허증이나 여권과 같은 신분증을 의미한다. 보통 술이나 담배를 구입할 때 점원이 신분증을 요구하는데 손님이 구매 가능한 연령인지를 확인하기 위함이고 필요시 구매자의 생년월일을 기록해두기 위해서이다.

3 한국에서는 고객이 보너스카드는 있지만 현재 소지하지 않고 있다면 핸드폰 번호로 대신하지만 미국에서는 보통 생년월일을 확인하여 금액을 할인 및 적립해준다.

봉투에 담아드릴까요?

Clerk	• Do you need a bag? 봉투가 필요하십니까? • Do you want a plastic bag[4] or paper bag? 비닐봉지에 담아드릴까요 아니면 종이봉투로 담아드릴까요?
Customer	• Yes, please. 네, 필요합니다. • A plastic bag, please. 비닐봉지에 담아주세요.

4 비닐봉지를 plastic bag이라고 한다.

환불해 주시겠습니까?

Customer

- I bought this coffee machine two weeks ago. But it doesn't work, so I'd like to get a refund.[5]
  여기서 2주 전에 이 커피머신을 구매했습니다. 그러나 작동이 되질 않아서 환불받고 싶습니다.
- Can I get a refund on this?[6]
  이것을 환불해주실 수 있나요?

Clerk

- Okay, do you have a receipt?
  알겠습니다. 영수증 있습니까?
- I can't give you a refund, but I can give you in-store credit.[7]
  환불해 줄 수는 없고, 매장 적립금으로 줄 수 있습니다.

5 미국에서는 대개 구입일로 90일 이내에 제품 불량일 경우에 환불이 가능하다. 단 구입 당시의 영수증이 있어야 환불이 가능하다.

6 '환불하다'라는 표현으로 'have a refund'보다는 'get a refund'가 보편적임을 알아두자.

7 보통 현금으로 환불해주지만, 상점에서 발행하는 상품권과 같은 형태로 환불해주는 것을 의미한다.

미국 동전 및 지폐를 어떻게 말할까요?

1 cent: penny

5 cents: nickel

10 cents: dime

25 cents: quarter

$1: a dollar

$10: Ten dollars(or 10 bucks)[8]

$20: Twenty dollars

$50: Fifty dollars

$100: A hundred dollars

8 달러를 Buck(s)라고도 한다.

미국의 측량 단위를 알아볼까요?

미국에서 계량 단위는 우리에게 매우 생소하다. 하지만 주요한 몇 가지 측정 기준만 알고 있으면 쉽게 이해할 수 있다.

미국은 무게를 잴 때 LBS(Pound)를 사용한다. 1LBS는 453.5g이다.

높이는 Feet를 사용하는데, 1feet는 30.5cm이다.

길이는 보통 Inch를 사용하며 긴 도로의 길이와 속도는 Mile을 사용한다. 1inch는 2.5cm이며, 1mile은 1.6km이다.

식료품점에 진열된 제품들에 대한 용어들도 알아두면 좋아요!

야채 및 과일

Cucumber 오이 Ginger 생강 Lotus root 연근 Potato 감자 Sweet potato 고구마 Squash 애호박 Pumpkin 큰호박 Lettuce 상추 Eggplant 가지 Mushroom 버섯 Broccoli 브로콜리 Carrot 당근 Baby carrot 미니당근 Spring onion 파 Radish 무 Spinich 시금치 Cabbage 양배추 Chinese cabbage 배추 Bean sprouts 콩나물 Pimiento 피망 Pepper 고추 Sesame leaf 깻잎 Garlic 마늘 Parsley 미나리 Pear 배 Persimmon 감 Mandarin/Tangerine 귤 Orange 오렌지

생선 및 해삼류

Sea bass 농어 Catfish 메기 Lobster 바닷가재 Shrimp 새우 White fish 대구 Tuna 참치 Butter fish 미꾸라지 Cattle fish 오징어 Octopus 문어 Salmon 연어 Trout 송어 Eel 장어 Scallop 가리비 Crab 게 Oyster 굴 Clam 대합조개 Mussel 홍합

가정 및 주방용품들에 대한
용어들도 알아두면 좋아요!

가정 및 주방용품

Broom 빗자루 Dustpan 쓰레받기 Mop 밀걸레 Snow shovel 눈삽 Apron 앞치마 Measuring cup 계량컵 Scoop/Dipper 국자 Sieve 체 Spatula 주걱 Kitchen board 도마 Blender 믹서기[9] Tray 쟁반 Pot/Pan/Saucepan 냄비 Plate 평평한 접시 Dish 움푹한 접시 Pot stand 냄비받침 Pot–lid 냄비뚜껑 Pastry blender 거품기 Microwave oven 전자레인지 Electronic rice–cooker 전기밥솥 Pressure cooker 압력솥 Dish towel 행주 spoon 수저 Chopstick 젓가락 Kitchen knife 주방용 칼 Fruit knife 과도 Scissors 가위 Vessel/Container 그릇 Refrige/Refrigerator 냉장고

9 한국에서 칭하는 전기믹서기의 영어 명칭은 Blender(혼합기)이다. Mixer가 따로 있는데 이것은 손으로 또는 전동기로 식재료를 혼합하는 다른 형태의 물건이다.

다른 표현들도 알아볼까요!

Sorry, I'm closed. 미안합니다만, 저는 마감했습니다.[10]

Do you have any singles?[11] 1달러짜리 지폐들을 가지고 있나요?

10 계산대 라인의 점원이 더 이상 계산을 하지 않겠다는 의미로 말하는 표현이다.

11 One dollar bills(1달러짜리 지폐 여러 장)를 Singles라고 함.

Situation 10

옷을 사보자

미국에 와서 놀란 것 가운데 하나가 매우 다양한 의류들이 꽤 저렴한 가격에 판매되고 있다는 점이었다. 도심에서 다소 떨어져 있지만 Outlet(할인매장)에 가면 더 할인된 가격으로 의류를 구매할 수 있다. 그리고 백화점이나 쇼핑몰에서는 생각보다 할인판촉행사를 많이 하는 편이고 한국처럼 할부로도 가능하다. 미국의 의류점에 가서 마음에 든 옷을 고르고 입어보고 구매하는 데 필요한 표현들을 알아서 자신을 멋지게 변화시켜 보자.

지금 세일중인가요? 언제 세일하나요?

Customer	Is it on sale?[1] 지금 세일 중인가요?
Clerk	• Yes, it is on sale. 네, 세일 중입니다. • No, it's not on sale. 아니오, 세일하지 않습니다. • I'm sorry. We are not having a sale. 미안합니다. 세일하지 않습니다.
Customer	When is it going to be on sale? 언제 세일할 예정입니까?
Clerk	• We are going to start our sale on May 20th. 우리는 5월 20일에 세일을 시작할 예정입니다. • It is going on sale May 20th. 5월 20일에 세일할 예정입니다.
Customer	Until when is it going to be on sale? 언제까지 세일할 예정입니까?
Clerk	It is going to be on sale until next weekend. 다음 주까지 세일할 예정입니다.

1 한국에서 세일은 할인을 해주는 행사로 통용되지만 영어에서 Sale은 판매를 의미한다. 단 'On sale'라고 하면 '할인'이라는 뜻이고, 'For sale'은 '제품 판매중'이라는 의미이니 혼동하지 않기 바란다.

무얼 찾으시는지 도와드릴까요?

Clerk	• Can I help you find something? 무엇을 찾으시는지 도와드릴까요? • What can I help you? 무엇을 도와드릴까요?
Customer	• I'm just looking around. 단지 구경하고 있습니다. • I'm looking for shorts.[2] 반바지를 찾고 있습니다. • Could you please tell me where the women's clothings are? 여성용 의류가 어디에 있는지 말씀해 주시겠습니까?

2 반바지는 short pants라고 하지 않고 단지 shorts라고 한다.

옷을 어디에서 입죠? 옷이 약간 작네요!

Customer	• Can I try this one on? 이것을 입어볼 수 있을까요? • Would you please tell me where the fitting room is? 탈의실이 어디에 있는지 말씀해 주시겠습니까?
Clerk	Sure. This way, please. 물론. 이쪽으로 오십시오.
Customer	• It is too small(loose, large). 옷이 너무 작습니다(헐렁합니다, 큽니다). • It doesn't fit well. 옷이 잘 맞지 않습니다.
Clerk	Do you want a larger (smaller) size? 보다 큰(작은) 사이즈로 드려볼까요?
Customer	• I think I need a larger size. 조금 더 큰 사이즈가 필요할 것 같습니다. • Do you have this in a larger size?[3] 이 옷으로 보다 큰 사이즈가 있나요? • Do you have something just a bit larger? 약간 큰 사이즈로 어떤 것이 있을까요?

3 Will you show me the small/large size라고 하지 않는다.

옷을 어디에서 입죠? 옷이 약간 작네요!

Clerk	I will check. Wait a moment, please. 제가 확인해 보겠습니다. 잠시만 기다려 주세요.
Customer	Do you have this in blue?[4] 이 옷으로 파란색 옷이 있나요?
Clerk	I'm sorry. We don't have this in blue. 미안합니다. 이 옷으로 파란색은 없습니다.

4 파란색이라고 해서 Do you have this in blue color라고 말하지 않는다.

가격이 얼마인가요? 할인해 줄 수 있나요?

Customer	• How much is it? 얼마입니까? • What is the price? 가격이 어떻게 되나요? • How much will it be? 얼마 정도 될까요?
Clerk	The total price comes to fifty dollars. 총 금액이 50달러입니다.
Customer	Can you discount?[5] 할인해 줄 수 있나요?
Clerk	• No, we can't. 그럴 수 없습니다. • Yes, we can discount 15% of the regular price. 네, 정가에서 15% 할인해 줄 수 있습니다.

5 미국에서는 뭐든 정가로만 팔 것 같지만, 할인행사도 많이 하고 세일 기간이 아니더라도 할인해 주는 경우가 있다. 예를 들면 쇼핑하고 있는 쇼핑몰이나 백화점 회원으로 등록하면 실제 가격에서 10%에서 많게는 20% 이상 할인해주기도 한다. 또 할인 중인 제품들을 2~3개 정도 한꺼번에 구매하면서 더 할인해달라고 하면 매장의 매니저 재량으로 더 할인해 주는 경우도 있다. 따라서 제품을 구매할 때 할인 여부를 적극적으로 문의해보자.

이 옷으로 사겠어요!

Customer	I will take this one. 이것으로 사겠습니다.
Clerk	How will you be paying for that? 지불은 어떻게 하시겠습니까?
Customer	• I will pay by credit card. 신용카드로 지불하겠습니다. • I will pay in cash. 현금으로 지불하겠습니다.[6]
Clerk	Please slide your card here.[7] 이곳에 카드를 밀어주세요.

6 Credit card 앞에 전치사는 by이고, Cash 앞의 전치사는 in인데, 전치사 with를 사용하면 Credit card, Cash, Check 모두 뒤따라 올 수 있다. 예: I will pay with credit card (cash, check).

7 신용카드나 체크카드로 지불할 경우 계산대에 부착되어 있는 카드인식기에 손님이 직접 카드로 결제하라는 말이다. 미국에서는 종업원이 고객의 카드로 직접 결제하는 경우가 거의 없다.

다른 표현들도 알아두면 좋아요!

For Sale 제품 판매중

On Sale 제품 할인 세일중

Macy's is having a sale on dresses.
(=Dresses are on sale at Macy's.)
메이시백화점은 현재 드레스들을 세일하고 있는 중이다.

What time do you open? 언제 개점합니까?

What time do you close? (=How late are you open?)
언제 폐점하나요?

Are you open on Sunday? 일요일에 개점합니까?

What are your weekend hours? 주말에 개점 시간은 어떻게 됩니까?

Can I pay in installments? 할부로 살 수 있나요?

Can I put this on lay away?[8] 할부로 살 수 있나요?

I'd like to pay for that in 3 payments. 3번 나눠서 지불하고 싶습니다.

I'd like to pay it off now.[9] 남은 할부금을 지금 모두 지불하고 싶습니다.

8 구입 당시에 일정 금액을 지불하고 나중에 또 지불하는 방식을 말한다.

9 할부(lay away)로 구입하고 잔액을 모두 지불하겠다(pay off the balance)는 의미이다.

Situation 11

병원 예약하기

미국에서 병원에 가기 위해서는 우선 전화로 예약을 해야 한다.* 미국 생활 초보자가 전화로 진료를 예약하기란 쉽지 않다. 그 이유는 단순히 병명을 말하고 진료 날짜만을 예약하는 것이 아니라, 예약하기 위해서 병원 접수인이 환자의 인적사항 및 연락처, 이전 진료 여부, 주치의가 누구인지, 특히 의료보험 관련 사항 등 꽤 많은 것을 물어본다. 그리고 그 물음들을 처음 들었을 때는 매우 생소해서 무슨 의미인지 쉽게 이해하기 어려워 순간 당황할 수 있다. 미국의 의료보험시스템에 대한 내용과 진료 예약에 필요한 표현을 미리 알아서 자신있게 병원에 전화를 걸어 예약해보자.

* 미국의 병원은 개인병원을 Doctor's Office, 종합병원을 General Hospital, 종합병원보다는 규모가 작은 Medical Center 또는 Medical Clinic 등으로 구분할 수 있는데 모두 전화로 예약을 해야 한다. 반면 일종의 준응급실과 같은 Convenient Care라고 하여 사전 예약 없이 Walk-in(직접 걸어서)으로 진료를 받을 수 있는 곳도 있다. 단 이곳은 전문의가 상주하는 것은 아님을 유의하자.

전화로 진료 예약:
독감에 걸려서 진료를 받고 싶은데 어떻게 하죠?

Receptionist	This is Dr. West & Johnson's office. May I help you? Dr. West & Johnson 개인병원입니다. 무엇을 도와드릴까요?
Patient	• I think that I have a flu so I'd like to see a doctor as soon as possible. 독감에 걸린 것 같은데, 가능한 빨리 의사에게 진찰을 받고 싶습니다. • I have been sneezing and coughing for 3 days, so can I see someone this afternoon?[1] 3일 동안 콧물과 기침을 해서 그러니, 오늘 오후에 어떤 의사라도 볼 수 있을까요?

1 미국에서는 감기에 걸렸을 때 I have a cold와 같이 광범위한 표현보다는 구체적으로 Chills(몸살), Coughing(기침), Sneezing(콧물), 또는 Sore throat(목아픔) 등을 말하는 것이 일반적이다.

전화로 진료 예약:
독감에 걸려서 진료를 받고 싶은데 어떻게 하죠?

Receptionist	• Have you been here before? 이전에 오신 적이 있습니까? • Are you a new patient?[2] 여기는 처음이신가요?
Patient	• I have been there. I'm a patient of yours. 거기서 진료 받은 적이 있습니다. 저는 당신 병원의 기존 환자입니다. • No, I haven't. I am a new patient. 아니오, 진료 받은 적이 없습니다. 이번이 처음입니다.

2 직역하면 '당신은 신규환자입니까'이나 뉘앙스는 '이전에 진료 받은 적이 없으십니까?'의 의미이다.

환자분 이름, 생년월일, 그리고 주소가 어떻게 되세요?

Receptionist	What is your name? 이름이 무엇입니까?
Patient	My last name is Hong and first name is Gil Dong. 성은 홍이고 이름은 길동입니다.
Receptionist	What's your date of birth? 생년월일은 어떻게 됩니까?
Patient	December 1st, 1990. 1990년 12월 1일입니다.
Receptionist	What is your address? 주소는 어떻게 됩니까?
Patient	My address is 201 Maple Avenue, Maplewood Apt B06, New York and zip code is 14850.[3] 제 주소는 뉴욕시 메이플가 201번지 메이플우드 아파트 B06이며 우편번호는 14850입니다.

3 자신의 주소를 말할 때는 우편번호까지 말해야 한다.

보험은 가입하셨나요? 어떤 보험회사인가요?

Receptionist	Do you have insurance? 보험을 갖고 있습니까?
Patient	• Yes, I have. 네, 있습니다. • No, I haven't. 아니오, 없습니다.
Receptionist	What is your insurance? 어떤 보험입니까?
Patient	My insurance company is New York Insurance and is the network of United Health Care.[4] Do you accept it? 제 보험회사는 뉴욕보험이고 United Health Care의 네트워크입니다. 받아주십니까?

4 후술되는 미국의 의료보험시스템을 읽어보자.

보험은 가입하셨나요? 어떤 보험회사인가요?

Receptionist	• Yes, we accept your insurance. 네, 우리 병원에서 당신의 보험을 받을 수 있습니다. • No, we can't accept your insurance. 아니오, 우리 병원에서 당신의 보험을 받을 수 없습니다.
Patient	I got it. 알겠습니다.
Receptionist	Please bring your insurance card when you come to the office.[5] 병원에 올 때 보험카드를 지참하시기 바랍니다.
Patient	Okay. Thanks. 알겠습니다. 감사합니다.

5 진료 첫날에는 보험카드를 지참해서 해당 병원 접수처에 자신의 보험 기록을 등록을 해야 하기 때문에 진료 첫날 보험카드를 지참해야 한다는 말이다.

주치의가 누구세요?

Receptionist	• Who is your health care provider?[6] 주치의가 누구십니까? • Which doctor do you want? 어떤 의사를 원하십니까?
Patient	• My main doctor is Dr. Johnson. 제 주치의는 Dr. Johnson입니다. • I don't have my own doctor, but I'd like to make an appointment with a doctor of internal medicine. 주치의는 없습니다만, 내과 의사와 예약을 하고 싶습니다.
Receptionist	• OK. Hang on one second, let me check. 알겠습니다. 잠깐만요, 확인해 보겠습니다. • Hold on one second, let me just find out. 잠깐 기다리세요, 제가 지금 알아보죠.

6 주치의에 대한 또 다른 표현으로 main doctor, primary care physician도 알아두자. 미국사람들은 내과(internal medicine)나 가정의학과(family medicine) 의사를 주치의로 둔다.

오늘 오후에 진료가 가능합니다. 그때 오시겠습니까?

Receptionist	• You can see a Dr. Johnson this afternoon at 2:15. Can you make it? Dr. Johnson을 오늘 오후 2시 15분에 볼 수 있습니다. 시간에 맞출 수 있습니까? • Can you come in this afternoon at 2:15? 오늘 오후 2시 15분에 올 수 있습니까?
Patient	• OK. I will be there at 2:15.[7] 알겠습니다. 2시 15분에 가겠습니다. • No, I'd like to see a doctor after 3. 아니요, 3시 이후에 진찰을 받고 싶습니다.
Receptionist	Please come 15 minutes early to fill out the paperwork. 서류 작성을 해야 하니 15분 일찍 오시기 바랍니다.

7 '2시까지 가겠다'라는 의미로 'I will go there by 2'가 아니라 '2시까지 거기에 있을 것이다(I will be there at 2)라고 표현함을 유의하자. 그리고 시간에 대한 표현은 단지 숫자만으로도 가능함을 알아두자.

진료 일정을 변경해야 할 것 같습니다!

Receptionist	This is Dr. West & Johnson's office. May I help you? Dr. West & Johnson 개인병원입니다. 무엇을 도와드릴까요?
Patient	I made an appointment at 2. But, I have an important thing to do this afternoon, so I'd like to reschedule my appointment. 2시에 예약을 했습니다. 그러나 오늘 오후에 중요한 일이 생겨서, 예약을 조정하고 싶습니다.
Receptionist	Do you want reschedule right now or call back later? 지금 일정을 다시 잡겠습니까? 아니면 나중에 전화를 다시 하겠습니까?
Patient	• I'd like to make an appointment tomorrow or some other day. 내일이나 다른 날로 예약을 하고 싶습니다. • I will call back. 다시 전화하겠습니다.

알아두세요! 미국의 의료보험시스템

미국에서 의료보험시스템은 정부가 직접 관여하는 것이 아니라 민간 영리업체들이 보험상품을 판매하여 운영되고 있으며, 개별 보험회사들이 무수히 많기 때문에 상호 연계하여 일종의 보험회사 네트워크를 형성하고 있다. 본문에서 언급한 United health care도 일종의 대형 보험회사 네트워크 가운데 하나이다.

병원에서 환자 의료비를 보험사에 청구할 때 무수한 보험사 가운데 개별 환자의 보험사를 찾아서 청구하기 어렵기 때문에, 환자의 보험회사 네트워크를 통해서 청구한다. 따라서 환자는 자신의 보험이 해당 병원과 직접 연계되어 있지 않을 경우, 예약할 때 어떤 보험사 네트워크인지를 말해주어야 한다.

미국에서는 진료 당일 병원비를 지불하는 것이 아니라 보통 3~4주 뒤에 우편으로 보험회사나 환자의 주소지로 청구한다. 병원에서 보험처리가 가능하다고 해도 환자의 이름, 보험회사 또는 보험회사 네트워크를 명확히 말하지 않을 경우 환자 주소지로 병원비가 청구되는 일이 발생하니 주의하자.

Situation 12

의사에게 진료받기

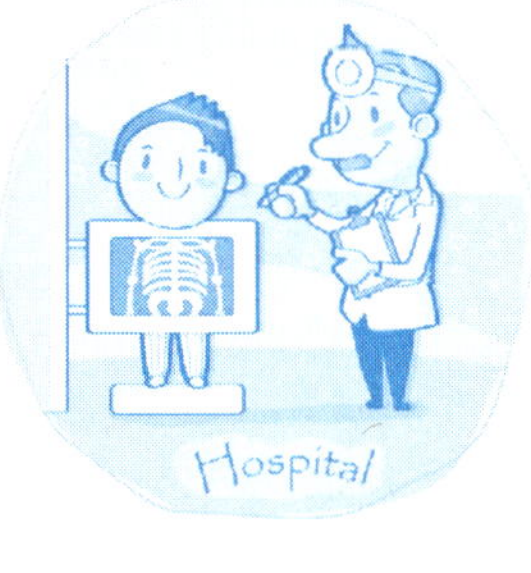

미국에서 의사에게 진료를 받을 때 병에 따라 대화 내용이 몹시 상이하겠지만, 의사는 어디가 아픈지, 증상은 언제부터 시작했고 어느 정도 경과가 되었는지 등을 묻는다. 그리고 의사는 자신이 환자에게 처방해줄 약을 직접 설명해주고, 환자가 이용하는 약국을 물어보며 처방전을 컴퓨터를 통해 그 약국으로 직접 전송해준다는 점이 한국과는 다른 점이다. 또 환자는 의사를 만나기 전에 간호사에게 현재 증상과 과거병력에 대해 간단히 상담하고 혈압이나 몸무게 등을 체크한다는 점도 알아두면 좋다.

의사 진찰 이전에 간호사와 상담을 먼저 합니다

Nurse I will check your weight, height, and blood pressure.
환자의 몸무게, 키, 그리고 혈압을 재겠습니다.

Nurse Do you have any allergies to medication?
혹시 약물에 대한 알레르기가 있나요?

Nurse Do you have any current prescriptions?
혹시 현재 복용 중인 약이 있나요?

어디가 아파서 오셨나요?

Doctor	• Why are you here today? 어디가 아파서 오셨나요? • How can I help you today? 어떻게 도와드릴까요? • What is wrong with you? 무슨 문제가 있나요? • How are you feeling today? 오늘은 (건강 상태가) 어떠세요?[1]
Patient	• I have been sneezing and coughing for 3 days. 3일 동안 콧물과 기침을 하고 있습니다. • I have a problem with my right ear. My right ear is ringing. 오른쪽 귀에 문제가 있습니다. 오른쪽 귀가 울립니다. • I threw my back out. 허리를 삐었습니다.
Doctor	• When did this start? 언제부터 그랬나요? • How long ago did the symptoms start? 얼마 전부터 그 증상들이 시작되었나요?
Patient	• They started last night. 어제 저녁부터 증상들이 나타났습니다. • The symptom has been bothering me for 2 weeks.[2] 2주 동안 저를 힘들게 하고 있습니다.

1 신규 환자가 아닌 기존 환자에게 하는 말이다.

2 어떤 증상으로 '괴롭다', '힘들다' 표현으로 bother 동사를 사용한다.

약을 처방해 줄게요. 이 약을 복용하면 회복할테니 염려마세요~

Doctor	• I am going to give you medicine that relieves your symptoms. 환자분 증상들을 완화시킬 수 있는 약을 처방하겠습니다. • I am going to give you medicine that makes your symptoms go away. 환자분 증상들을 없앨 수 있는 약을 처방하겠습니다.
Patient	What kind of medicine? 어떤 종류의 약입니까?
Doctor	Just a tablet. Take this pill once a day. 단지 알약입니다. 이 약을 하루에 한 번 복용하세요.
Patient	Should I take the pill with a meal or not?[3] 그 약을 식사 후에 복용해야 하나요? 아니면 상관없나요?
Doctor	• You don't need to take it with a meal, but I re-commend it with a meal. 반드시 식사 후에 복용할 필요는 없습니다만, 그렇게 하는 것을 권유합니다. • Yes, take these pills after a meal. 네. 이 약들을 식사 후에 복용하세요.
Patient	I got it. Thanks. 알겠습니다. 감사합니다.

3 with meal이라고 해서 '식사와 함께'라고 생각할 수 있으나, '식사 후 바로'라는 의미이다.

이용하는 약국이 어디인가요?

Doctor	Where is your pharmacy?[4] 환자가 이용하는 약국은 어디인가요?
Patient	Target pharmacy in the Pyramid Mall.[5] 피라미드몰에 있는 Target 약국입니다.
Doctor	I sent your prescription to Target. 타켓약국에 처방전을 보냈습니다.
Patient	I got it. Thanks 알겠습니다. 감사합니다.

4 미국의 의사들은 컴퓨터를 통해 처방전을 환자가 이용하는 약국으로 직접 전송해주기 때문에 환자에게 약국을 물어본다.

5 미국의 대형약국 중의 하나로 큰 쇼핑몰 내에 위치하고 있다. Target 이외에도 CVC, First-Ride 등이 대형약국이다.

질병 관련 기타 표현들

I catch colds easily. 저는 쉽게 감기에 걸립니다.

I'm coming down with a cold. 감기 기운이 있습니다.

I'm going to throw up. 토할 것 같습니다.

I probably have a stomach bug; there's one going around.
복통이 있습니다.

I took the medicine for 10 days, but now I'm much worse.
약을 10일 정도 복용했지만, 더 안 좋습니다.

Your throat looks red, so let's do a throat culture.[6]
목이 부었으니 인후배양검사를 해봅시다.

I want to do a blood test to rule out your disease.
질병을 진단하기 위해서 혈액검사를 하고 싶습니다.

It looks like you sprained your ankle. 발목이 삔 것으로 보입니다.

You have bronchitis/pneumonia/the flu/psoriasis.
당신은 기관지염/폐렴/독감/건선이 있습니다.

You are anemic. 당신은 빈혈이 있습니다.

Over the counter medication 의사의 처방전 없이 살 수 있는 약

Sharp/dull/burning pain 약간/중간/심한 통증

6 Throat culture(인후배양검사): 유아나 소아의 목이 붓거나 열이 있을 때 보편적으로 하는 검사로 환자의 목 안에 있는 세포를 배양해서 바이러스의 존재 및 가능성을 파악하는 것이다.

미국의 진료시스템: GP와 Specialist

한국에서는 몸이 아프면 증상에 따라 병과를 직접 찾아가 의사에게 진찰받으면 되지만, 미국은 환자가 병원을 마음대로 갈 수 있는 상황은 아니다. 미국 사람들은 응급한 경우를 제외하고는 대부분 Internal medicine(내과)와 Family medicine(가정의학) 분야를 전공한 의사인 GP(General Practitioner)에게 먼저 진료를 받는다. 그 이유가 내과나 가정의학과 이외의 병과(소화기내과, 이비인후과, 부인과, 심장 관련 질환 등)는 Specialist라고 하는데, 의사의 수가 적어서 예약하고 진찰받는 데 상당한 시간이 필요하기 때문에 그 전에 GP로부터 우선 처치를 받는 것이다. 그래서 미국에 있는 동안 자신이 사는 곳 주변의 내과나 가정의학과 의사를 자신의 주치의(primary care provider)로 해두어야 한다. 특히 Specialist 진료 예약을 하더라도 대개 주치의 추천서를 가져오라고 하기 때문에 주치의를 정해두는 것이 좋다.

MEMO

Situation 13

치과 예약하고 진료받기

미국에서 치과 치료를 받기 위해서는 일반병원에서와 같이 전화 예약을 해야만 가능하다. 응급환자일 경우는 당일 Walk-in*도 가능하지만 그럴 경우 환자가 응급치료비를 부담해야 한다. 미국은 치과보험이 따로 있는데, 치과마다 가입되어 있는 보험회사나 치과할인플랜**이 다를 수 있기 때문에 자신의 보험이 해당 치과에 가입되어 있는지를 명확히 물어봐야 보험 혜택을 받을 수 있다. 치과도 일반 병원과 같이 치아를 검사하고 충치 등을 치료하는 General Dentist가 있고, 치아 교정, 잇몸 치료, 신경 치료 등을 전문으로 하는 Specialist가 있다. Specialist 치료를 받기 위해서는 General Dentist에게 추천서를 받아야 함을 유의하자.

* 우리말로는 '걸어서 들어온다'는 뜻으로 예약 없이 방문하는 것을 뜻한다.

** 치과보험이 비싸서, 치과 치료비를 할인해주는 일종의 준보험에 해당한다. 연간 $150~180 정도 지불하면 기본적인 치료(정기검사, X-ray, Cleaning(소위 스켈링), Crown 등)에 대한 비용을 20~40%까지 할인받을 수 있는 장점이 있지만, 치과마다 이 플랜에 가입되어 있는지 여부를 확인해야 한다. 보통 치과 Specialist라고 할 수 있는 신경 치료, 치아 교정, 잇몸 질환 등을 치료하는 치과에서는 이 플랜에 가입되어 있지 않다.

어금니가 아픈데, 가능한 치료를 빨리 받을 수 있을까요?

Receptionist	This is New York Dental. May I help you? 뉴욕치과입니다. 무엇을 도와드릴까요?
Patient	• I have a pain in my molar tooth, so I'd like to see a dentist as soon as possible. 어금니에 통증이 있어서, 가능한 빨리 치과의사의 진료를 받고 싶습니다. • I'd like to make an appointment for a cleaning.[1] 치아 클리닝을 위한 예약을 하고자 합니다. • I'd like to make an appointment for a check-up.[2] 치아 검사를 위한 예약을 하고자 합니다.

1 또는 I'd like to have my teeth cleaned라고 해도 된다. Cleaning은 한국의 스켈링에 해당하는 것으로 크게 Regular Cleaning과 Deep Cleaning (혹은 Perio Scaling)이 있다. 전자는 치아 표면의 착색된 Stain이나 치석을 대략 제거하는 것이며, 후자는 치아를 감싸는 잇몸 속까지 깨끗하게 하는 것이다. Regular Cleaning은 20~30여 분 정도면 되지만, Deep Cleaning은 약 30~40분씩 두 번에 걸쳐서 이루어지며 전문 치과위생사가 한다.

2 치아에 대한 전반적인 검사를 말한다.

일전에 오신 적이 있나요?

Receptionist	Have you been here before? 이전에 오신 적이 있습니까?
Patient	• Yes, I have been there. I'm a patient of yours. 네, 있습니다. 당신의 기존 환자입니다. • No, I haven't. I am a new patient. 아니오, 없습니다. 신규 환자입니다.

치과보험이 있나요?

receptionist	Do you have insurance? 보험이 있습니까?
Patient	• Yes, I have it. 네, 있습니다. • No, I haven't. But I have discount dental plan. 없습니다. 하지만 치과할인플랜이 있습니다.
receptionist	• What is your insurance? 어떤 보험입니까? • What is your discount dental plan? 어떤 치과할인플랜입니까?
Patient	• I have New York dental insurance, do you accept it. 뉴욕치과보험을 가지고 있습니다. 받아주시나요? • I have New York discount dental plan, do you accept it? 뉴욕치과할인플랜을 가지고 있습니다. 받아주시나요?
receptionist	Hold on, please. Let me check. 잠깐만요. 확인해보겠습니다.
Patient	• Yes, we accept it. 네, 받습니다. • No, we don't accept it. 아니오, 받을 수 없습니다.
receptionist	I got it. 알겠습니다.

언제 진료를 받고 싶으세요?

Receptionist	• Do you like morning or afternoon? 진료는 오전을 선호하세요 아니면 오후가 좋습니까? • Please, come in next Wednesday afternoon at 2. 다음 주 수요일 2시에 오시기 바랍니다.
Patient	• I prefer afternoon. 저는 오후를 선호합니다. • OK. I will be there next Wednesday.[3] 알겠습니다. 다음 주 수요일에 가겠습니다.

3 '~까지 가겠다'라는 표현으로 I will be there(거기에 있을 것이다)를 사용함을 유의하자.

치과의사: 어디가 아프신가요? 입을 벌려보세요!
충치가 있습니다.

Dentist	• Why are you here today? 어디가 아파서 왔습니까? • Hello, what is wrong with you? 안녕하세요. 무슨 문제가 있습니까?
Patient	• I'd like to have a check-up. 치아 검사를 하고 싶습니다. • I have a problem with the tooth near the wisdom tooth on the lower right side. 오른쪽 아래 사랑니 근처의 치아에 문제가 있습니다.
Dentist	• Okay. I will check. Open your mouth, please[4] 알겠습니다. 확인해보겠습니다. 입을 벌려보세요. • You have a cavity in the molar tooth on the upper right side, so I'm going to numb you up,[5] and will remove it. 오른쪽 위쪽 어금니에 충치가 있으니, 마취를 해서 충치를 제거하려고 합니다. • You have to replace an old crown into a new crown. 오래된 크라운을 새로운 걸로 교체해야 합니다.

4 '입을 다물어 보세요'는 Bite, please이다.

5 numb up은 마취(novocaine)를 의미한다.

가끔 치아가 흔들려요!

Patient	Sometimes, my teeth are moving. I think that I have an inflammation in my gum. 가끔 제 치아가 흔들립니다. 제 생각엔 잇몸에 염증이 있는 것 같습니다.
Dentist	Your gum was a little bit swollen, so I removed the inflammation in the gum, but you need an anti-iinflammatory. So take some Tylenol. Target pharmacy sells this. Buy the 200mg size and take three times a day for a couple of days. You should be feeling better. If not, call me back. 잇몸이 약간 부어서 잇몸 염증을 제거했습니다. 그러나 소염제가 필요하니 타이레놀을 복용하세요. 타겟약국에서 팝니다. 200mg 사이즈를 사서 이틀 동안 하루 세 번 복용하세요. 한결 좋아질 것입니다. 만약 그렇지 않으면 다시 오세요.

다른 표현들도 알아두면 좋아요!

Please, have a seat and fill out this form.
자리에 앉아서 이 서류를 작성해 주세요.

Please, have a seat and we will call you.
자리에 앉아 계시면 호명하겠습니다.

Can I see Dr. West this week?
이번 주에 Dr. West에게 진찰을 받을 수 있을까요?

No, he doesn't have any openings this week. But I can get you in next week. How about next Tuesday at 2:15?
아니오, 그는 이번 주 진료를 하지 않습니다. 그러나 제가 다음 주에 예약을 잡아줄 수 있습니다. 다음 주 화요일 2시 15분 어떠세요?

Could you squeeze me in?
저를 중간에 끼워주실 수 있나요?[6]

6 예약이나 대기하는 환자가 많을 경우 중간에 순서를 끼워줄 수 있는지를 부탁하는 말임.

Situation 14

미용실에 가기

이발소를 미국에서는 Barber shop이라고 하며 Crew cut, 즉 군인처럼 머리카락을 매우 짧게 잘라주는 곳이다. 반면 미용실은 Hair salon이라고 하며 헤어커트는 물론 펌, 염색, 네일아트, 심지어 마사지까지 할 수 있는 곳이다.* 미용사를 Hair Stylist나 Hair Dresser라고 한다.** 펌이나 염색 등을 하기 위해서는 예약을 해야 하나, 헤어커트 정도는 당일 Walk In해도 서비스를 받을 수 있다. 미용실에서 필요한 표현들을 알아서, 자신을 멋지게 변화시켜보자.

* 예전에는 미용실을 Beauty salon이라고 했다고 한다.

** 한국에서는 Hair Designer라고 하는데, 실제 미국에서는 사용되지 않는 어휘이다. Hair Stylist나 Hair Dresser라고 칭한다.

헤어스타일을 어떻게 해드릴까요?

Hair dresser	What are you doing today?[1] 헤어스타일을 어떻게 해드릴까요?
Customer	• Just a trim. 단지 다듬어 주세요. • I want to have my hair cut short. 머리카락을 짧게 자르고자 합니다. • Can you cut my hair like this picture? 이 그림과 같이 머리카락을 잘라줄 수 있나요? • Just do whatever you think. 당신이 생각해서 좋은 스타일로 해주세요.

1 직역하면 '오늘 여기서 뭘 하고 있습니까?'이지만 미용실에 왔기에 '오늘은 헤어스타일을 어떻게 하고자 합니까?의 의미이다.

아주 짧은 커트를 원하세요?

Hair dresser	• Do you really want to have a crew cut? Which number?[2] 군인처럼 짧게 자르길 원하세요? 몇 번으로요? • Do you really want a very short hair style? 정말 매우 짧은 스타일을 원하세요?
Customer	• Yes. Cut it short with number 3. 네. 3번으로 매우 짧게 잘라주세요. • No. Just take a lot off the sides, please.[3] 아니오. 단지 옆 머리카락을 많이 잘라주세요. • No. Just take a lot off the sides and leave the top alone, please.[4] 아니오. 옆 머리카락을 많이 잘라주시고 윗 머리카락은 그냥 두세요.
Hair dresser	I will use scissors and clippers. 가위와 기계식커트기를 사용하겠습니다.
Customer	That's fine. 좋습니다.

2 남자들이 주로 이용하는 이발소나 미용실에서 Clipper(기계식 자동커트기)로 커트를 많이 하기 때문에 어떤 Clipper를 사용할 것인지를 묻는 말이다. 보통 Clipper 3번을 사용한다.

3 Take off는 '머리카락을 잘라 내다'의 숙어로 많이 잘라낼 경우 take a lot off, 적게 잘라낼 경우는 take a little off라고 한다. 옆머리카락을 side hair라고 하지 않고 그냥 sides라고 함을 유의한다.

4 옆 머리카락을 sides(양쪽임으로 복수형), 윗 머리카락을 top, 뒷 머리카락을 back이라고 한다.

자연스런 펌을 하고 싶어요!

Hair dresser	How would you like your hair today? 오늘 헤어스타일을 어떻게 하고 싶으세요?
Customer	I'd like to have(get) my hair permed. 펌을 하고 싶습니다.
Hair dresser	Do you want tight curls?[5] 아주 곱슬한 펌을 원하세요?
Customer	• Yes, I do. 네, 그렇습니다. • No, I don't want tight curls, just want waves. 아니오, 곱슬한 펌이 아니라 단지 웨이브 펌을 원합니다.

5 정말 곱슬머리 펌을 tight curls라고 하며, 자연스런 물결모양의 펌을 waves라고 한다.

염색을 하고 싶어요!

Hair dresser	What can I do for you? 제가 손님 헤어스타일을 어떻게 해드릴까요?
Customer	I'd like to have(get) my hair colored. 염색을 하고 싶습니다.
Hair dresser	What kind of color do you want? 어떤 색을 원하세요?
Customer	I prefer brown. 갈색을 선호합니다.

머리를 감겨 드릴까요?

Hair dresser	• Do you want me to wash your hair?[6] 제가 머리를 감겨드릴까요? • Do you want a shampoo? 샴푸를 원하세요?
Customer	• Yes. I do. 네. 그렇습니다. • No. Can you just blow it dry? 아닙니다. 그냥 드라이로 말려줄 수 있나요?

6 미국의 모든 미용실에서 손님에게 샴푸 여부를 물어보는 것은 아니다. 번화가가 아닌 주택가나 학교 근처의 다소 저렴한 미용실은 샴푸를 해주지 않는다.

다른 표현들도 알아두면 좋아요!

I am not sure what I will do with my hair.
머리스타일을 어떻게 할지 정하지 않았습니다.

I got my hair permed yesterday.
어제 펌을 했어요.

Can I shampoo here.
여기서 샴푸를 할 수 있나요?

I am sorry, the shampoo is not available here.
미안합니다만, 여기는 샴푸 서비스를 하지 않습니다.

MEMO

Situation 15

비행기 내에서

미국 내 여행을 하기 위해 비행기를 타면 승무원들과 좌석 번호가 몇 번인지, 음료수를 마실 것인지, 커피에 크림과 설탕이 필요한지 등에 대해 대화를 하기 마련이다. 또한 승객은 승무원에게 자신에게 필요한 것들을 가져다 달라는 부탁을 해야 한다. 이때 어떤 대화가 오가는지 알아서 항공기 탑승에 따른 불편함을 없애보자. 또한 비행시에 승무원이나 기장이 승객들에게 다양한 방송을 하는데, 이 방송들이 무엇인지 알아서 보다 즐거운 여행을 해보자.

탑승권을 보여주시겠습니까?

Flight attendant	Would you show me your boarding pass, please? 탑승권을 보여주시겠습니까?
Passenger	50A is my seat number. Where is it? 좌석은 50A입니다. 어디에 있습니까?
Flight attendant	• This way, please. 이쪽으로 오십시오. • Your seat is just over there. Walk straight to the rear. 좌석은 저쪽입니다. 후미까지 직진하십시오.

읽을거리가 있나요?

Passenger	Do you have something to read? 읽을거리가 있나요?
Flight attendant	Sure, I will bring it right now. Anything else? 물론입니다. 지금 가져다 드리겠습니다. 다른 필요한 것이 있습니까?
Passenger	No, thanks. 괜찮습니다.

음료를 마시겠습니까?

Flight attendant	Would you like something to drink? 음료를 드시겠습니까?
Passenger	What kind of drink do you have? 어떤 음료가 있나요?
Flight attendant	Orange juice, apple juice, water and so on. 오렌지주스, 사과주스, 물 등입니다.
Passenger	An apple juice and water, please. 사과주스와 물을 주십시오.
Flight attendant	Please put down your tray table. 테이블을 내려주십시오.
Passenger	Okay. 알겠습니다.

커피나 차를 드시겠습니까?

Flight attendant	Would you like coffee or tea? 커피나 차를 드시겠습니까?
Passenger	Coffee, please. 커피 주십시오.
Flight attendant	Do you need cream and sugar? 크림과 설탕이 필요합니까?
Passenger	• Yes, both, please. 네, 둘 다 주세요. • Just sugar, please. 설탕만 주세요.

스낵을 드시겠습니까?

Flight attendant	Would you like a snack? 스낵을 드시겠습니까?
Passenger	What kind of snack do you have? 어떤 스낵이 있나요?
Flight attendant	We have peanuts, pretzels, and cookies.[1] 땅콩, 프렛즐, 그리고 쿠키가 있습니다.
Passenger	Cookies, please. 쿠키로 주세요.

1 복수형을 쓴다.

무엇을 도와드릴까요? 필요한 게 있습니까?

Flight attendant	May I help you? 무엇을 도와드릴까요?
Passenger	• Would you bring me a blanket? 담요 한 장 가져다 주시겠습니까? • Would you bring me another pillow?[2] 베개 하나 더 가져다 주시겠습니까? • Would you bring me another package of towel (handwipe)? 손타월 하나 더 가져다주시겠습니까? • This earphone is broken.[3] Would you bring me another one? 이어폰이 고장입니다. 다른 이이폰으로 가져다 주시겠습니까?

2 직역하면 '다른 베개를 가져다주시겠습니까? 이지만, 장거리 노선인 경우 승객들에게 기본적으로 베개 하나를 지급하기 때문에 이 문장은 '베개 하나 더 가져다주시겠습니까? 라는 의미이다.

3 This headset is not working과는 같은 말이다.

승무원들이 기내 방송할 때 무슨 말을 할까요?

Please put your hand baggage under your seat.
손가방은 좌석 아래에 두시기 바랍니다.

Please return your seat to on upright position and stow away your tray table.[4] 좌석을 세워주시고 좌석의 식탁을 접어주시기 바랍니다.

Please turn off all portable electronic devices.
모든 전자기기를 꺼주십시오.

We'll be taking off shortly. 곧 이륙합니다.

We'll be landing in about 10 minutes. 약 10분 내에 착륙합니다.

We'll arrive 20 minutes behind schedule.
예정된 일정보다 20분 뒤에 도착합니다.

Please remain in your seat until the aircraft comes to a complete stop.
항공기가 완전히 정지하기 전까지 자리에 앉아계십시오.

4 stow away는 '집어 넣다', '치우다', '감추다'라는 의미이다.

기장님은 무슨 말씀을 하실까요?

Good morning, ladies and gentlemen. I'm Captain Henry Porter and sitting along beside me is Co-Pilot John Freeman and Flight Engineer Robert Kahn. We'll be your flight crew for this six hour non-stop journey from New York to Los Angeles. Currently we're traveling at a speed of 450 miles per hour and we'll be reaching an altitude about 30,000 feet. We should be arriving at Los Angeles around 4:10PM local time, so make sure you set your watches before you disembark. Ms. Sandra will be your head cabin attendant, so should you have any questions you can ask her or any of our other knowledgeable crew members. On behalf of all the staff here at Sky-Member Airlines, I'd like to welcome you aboard and hope that you have a pleasant flight. We'll serving lunch shortly. Thank you.

여러분, 안녕하십니까. 저는 이 비행기의 기장인 Henry Porter이고, 부기장인 John Freeman과 항공기술자 Robert Kahn이 같이 탑승하고 있습니다. 저희는 뉴욕에서 LA까지 가는 6시간의 비행을 시속 450마일로 비행하고 있으며 곧 30,000피트에 도달할 예정입니다. LA에는 현지 시각 오후 4시 10분경에 도착할 예정이며, 도착하기 전에 시차를 확인해 주시기 바랍니다. 여러분의 사무장은 Ms. Sandra로, 어떤 질문이나 요청은 그녀 혹은 다른 승무원들에게 물으시면 됩니다. Sky-Member 항공사 종사자들을 대표해서 여러분의 탑승에 감사드리며 즐거운 여행이 되시기 바랍니다. 곧 점심식사를 준비하도록 하겠습니다. 감사합니다.

기장님은 무슨 말씀을 하실까요?

We are waiting for clearance from the air traffic control tower and expect to take off in a few minutes.

저희는 관제탑으로부터 이륙허가를 기다리고 있으며 몇 분 이내에 이륙할 예정입니다.

We are now having some turbulence in a few minutes. So please return to your seat and fasten your seat belt. We will be out of this turbulent area in about five minutes.

저희는 몇 분 후에 이상기류 지역을 통과할 예정입니다. 여러분의 좌석으로 돌아가셔서 좌석벨트를 착용해 주십시오. 약 5분 후에 이 난류로부터 벗어날 것입니다.

탑승 수속할 때 다른 유용한 표현들

Do you have a seat by the emergency exit? 비상구 쪽에 좌석 있나요?

I will pick up my baggage in Tokyo. 도쿄에서 짐을 찾을 것입니다.[5]

I'd like to have a asile(window) seat. 복도(창) 쪽 좌석에 앉고 싶습니다.

Would you please give us seats in the same row?
우리들을 동일한 열에 있는 좌석들로 주시겠습니까?

5 '짐을 찾다'는 표현으로 pick up을 사용함. 경유해 갈 때 중간 기착지에서 짐을 찾아 일단 출국 수속을 하겠다는 말임. 예를 들어 뉴욕에서 도쿄 경유 인천까지 비행노선에서 도쿄에서 바로 환승하지 않고 일정 기간 동안 도쿄에서 체류(stop-over)할 경우에 사용할 수 있는 표현임.

MEMO

Situation 16

호텔에 숙박하기

미국 내 여행을 하면서 호텔이나 모텔에서 숙박을 하기 마련인데, 숙박에 관련된 대화를 알아보자. 요즘은 인터넷을 통해서 숙박을 예약하기 때문에 예전과 같이 미리 전화로 예약하는 경우는 그리 많지 않지만 불가피하게 예약하지 못하고 당일 숙박해야 할 경우에는 어떻게 말해야 하는지 알아서 편안한 숙박을 해보자.

체크인을 하고 싶습니다

Customer	I'd like to check in now. 지금 체크인을 하고 싶습니다.
Receiptionist	• Sure, do you have a reservation? 물론입니다. 예약은 하셨나요? • May I have your name, please? 성함을 알려주시겠습니까?
Customer	Yes, this is my voucher. My name is Gil Dong, Hong. 네, 이것은 제 바우처입니다. 제 이름은 홍길동입니다.
Receiptionist	Thanks. Please fill out this form. 감사합니다. 이 서류를 작성해주십시오.

지금 체크인을 못하면 짐을 보관해 주시겠습니까?

Customer	I'd like to check in now. 지금 체크인하고 싶습니다.
Receptionist	Sorry, the check in time is 2pm. The rooms are not cleaned, so you need to wait by 2pm. 미안합니다만, 체크인은 2시입니다. 방들이 청소가 되지 않아서 2시까지 기다리셔야 합니다.
Customer	• If I can't check in now, would you please hold this suitcase for me?[1] 만약 지금 체크인을 할 수 없다면 이 여행가방을 보관해주실 수 있습니까? • Can you hold this for 2 hours? 이것을 2시간 동안 보관해주실 수 있나요?
Receptionist	Sure. We can hold your baggage. 물론입니다. 손님의 가방을 보관할 수 있습니다.

1 '짐을 보관하다'라는 의미로 keep 동사를 사용하는 것이 아니라 hold 동사를 사용함을 유의하자.

예약을 못했는데 숙박할 수 있을까요?

Customer	• I didn't have a reservation, but can I have a room for tonight? 예약하지 않았습니다만, 오늘 저녁 숙박할 수 있을까요? • Do you have a vacant room? 빈 방이 있나요?
Receptionist	• Yes, we have. What kind of room do you want? 네, 있습니다. 어떤 종류의 룸을 원하십니까? • We are having only 3 standard rooms. 오직 3개의 스탠다드룸만 있습니다
Customer	• I need a standard room, how much for a night? 스탠다드룸 하나가 필요합니다만, 하루 밤에 얼마입니까? • What is the rate for a standard room per night? 하루 밤 스탠다드룸 하나의 금액은 얼마인가요?
Receptionist	The price of a standard room is $150 per night. 스탠다드룸 하나의 하루 숙박료는 150달러입니다.
Customer	• Does this rate include breakfast? 그 가격에 아침식사가 포함되어 있나요? • Does this rate include tax? 그 가격에 세금이 포함되어 있나요?
Receptionist	• No. I'm sorry. 아닙니다. 미안합니다. • Yes. It does. 네. 포함되어 있습니다.

호텔의 요금 규정도 미리 알아두세요!

If you choose to cancel, please do so by 3PM EST one day prior to arrival to avoid a fee of one night's room and tax. Reservation must be guaranteed with a major credit card.

만약 귀하가 취소를 하시려면, 하루 밤 방값과 세금을 피하기 위해서는 도착 하루 전 동부시간으로 오후 3시까지 취소하기 바랍니다. 예약은 주요 신용카드로 보증되어야 합니다.

MEMO

Situation 17

버스나 택시 타기

미국에서 자동차가 필수이긴 하지만, 버스나 택시를 이용해야 할 경우가 있다. 장거리 버스나 택시를 이용할 때 사용하는 표현은 한국과 거의 같다. 하지만 시내버스를 이용하여 목적지를 가고자 할 때는 정해진 시간 내에 다른 버스로 환승이 가능한데 반드시 버스기사에게 환승 예정지를 말하고 티켓을 받아야 함을 알아두자. 대중교통을 이용하는 데 언어의 두려움을 없애 어디든 즐겁게 다녀보자.

버스터미널에서:
뉴욕시까지 왕복 승차권 한 장 주시겠습니까?

Passenger	May I have a round trip ticket for New York City?[1] 뉴욕시까지 왕복 승차권 한 장 주시겠습니까?
Receptionist	What time do you want? 몇 시를 원하세요?
Passenger	I'd like to go there right now. 지금 당장 가고 싶습니다.
Receptionist	• The Bus departs 2:30. 버스는 2시 30분에 출발합니다. • The bus that departs right now is already full. 지금 출발하는 버스는 이미 승객이 찼습니다.
Passenger	When is the next bus? 다음 버스는 언제 있나요?
Receptionist	The next bus will leave 3:30. 다음 버스는 3시 30분에 출발할 것입니다.
Passenger	I will take it. What's the fare? 그 버스를 타겠습니다. 요금이 얼마인가요?
Receptionist	(It's) Fifty dollars for a round trip. 왕복에 50달러입니다.
Passenger	How long does it take to get there? 뉴욕시까지 얼마나 걸리나요?
Receptionist	It takes about 4 hours. 4시간 걸립니다.

1 편도는 one way trip ticket이라고 한다.

이 버스는 타임스퀘어에 가나요? 환승할 것이니 환승티켓 부탁합니다.

Passenger	• Is this for Time Square? 타임스퀘어에 가나요? • Does this bus go to Time Square? 이 버스는 타임스퀘어에 가나요?
Bus driver[2]	• Yes. 네. • No. You should take the 92. It will get you there. 아니오. 92번을 타야 합니다. 92번은 타임스퀘어로 갑니다. • No. But if you transfer 13 at Lincoln Center, it will get you there. 아니오. 하지만 링컨센터에서 13번으로 갈아타면 타임스퀘어로 갈 수 있습니다.
Passenger	I will transfer at Lincoln Center. Please give me a transfer ticket.[3] 링컨센터에서 갈아탈 것입니다. 환승티켓을 주시겠습니까?
Bus driver	Okay. 알겠습니다.

2 버스기사를 Bus operator라고 하기도 한다.

3 미국에서 시내버스를 이용할 때, 일정 시간 동안 추가 요금을 내지 않고 버스를 환승할 수 있다. 대신 버스 탑승시에 운전기사에게 어느 곳에서 환승할 것을 말하고 티켓을 받아야 하며, 환승시 버스기사에게 티켓을 주어야 한다. 현금이 아닌 매트로카드와 같이 버스카드를 이용할 경우는 티켓을 받을 필요는 없다.

택시기사님, 그랜드센트럴 터미널까지 빨리 가주세요!

Cab driver[4]	• Where to, sir (or ma'am)? 손님, 어디로 모실까요? • Where are we going? 어디로 갈까요? • Where should I take you? 제가 손님을 어디로 데려다 드릴까요?
Passenger	• I am going to Grand Central Terminal. Drop me off at the intersection of Park Avenue and 42nd Street, please. 그랜드센트럴 터미널에 갈 예정입니다. 파크가와 42번 거리 교차로에서 내려주세요. • Please, let me off at Lincoln Center.[5] 링컨센터에서 내려주세요.
Cab driver	I got it. 알겠습니다.
Passenger	Can we make it there by 3pm? I have to get on the train departing 3:20. 3시까지 거기에 도착할 수 있을까요? 제가 3시 20분에 출발하는 기차를 타야 합니다.
Cab driver	Don't worry. We will get there in 20 minutes. We have sufficient time. 걱정마세요. 거기까지 20분 이내에 도착합니다. 시간은 충분합니다.
Passenger	Thanks. 감사합니다.

4 택시기사를 cabby라고도 한다. 복수형은 cabbies이다.

5 'Get me off + 장소'라고도 할 수 있다.

다른 표현들도 알아두면 좋아요!

What time does the bus leave? (= When does the bus leave here?)
버스가 언제 떠납니까?

Open the door, please.[6] 문을 열어주세요.

Please give me a metrocard for $20.
20달러짜리 매트로카드 하나 주세요.[7]

6 미국 시내버스의 뒷문은 버스기사가 직접 열어주거나 정차시 승객이 만지면 센서로 인해 자동으로 열리게 되어 있다. 하지만 가끔 센서 고장으로 문이 안 열리는 경우가 있으니, 이때 당황하지 말고 버스기사에게 이렇게 말하면 된다.

7 일종의 대중교통카드로 일정 액수 이내에서 버스나 지하철을 이용할 수 있는 선불카드이다.

MEMO

Situation 18

전화하고 Ride 부탁하기

미국에서 전화를 걸거나 받을 때가 많다. 이때 어떻게 말하는지 알아서 원활한 통화를 하자. 특히, 미국에서는 차가 없을 경우 누군가에게 전화로 Ride를 부탁해야 하기도 하고, 또한 누군가를 Ride 해주기도 한다.* 이런 상황에서 어떻게 표현하는지 알아서 서로가 도움을 주기도 하고 받기도 해보자.

* Ride란 자동차로 누군가를 태워주는 것을 말한다.

여보세요, 줄리와 통화할 수 있나요?

Sender	• May I speak to Jullie? 줄리와 통화할 수 있나요? • Hello, I'd like to speak to Jullie. 여보세요. 줄리와 통화하고 싶습니다. • Is Judy in? 주디 있나요?
Receiver	• This is me. 전데요. • Yes, this is she. Who's calling? 접니다. 누구십니까? • Yes, speaking. Who's this? 네, 접니다. 누구신가요? • Hold on, please. 잠깐 기다리세요. • I'm sorry. She is not here. 미안합니다. 그녀는 여기 없습니다. • You got the wrong number. 전화 잘못하셨네요.

줄리에게 전화하라고 할까요? 아니면 메시지를 남기실래요?

Receiver	• She is not here. Do you want her to call you later? 그녀는 여기 없습니다. 그녀에게 전화하라고 할까요? • She is not here. Would you like to leave a message? 그녀는 여기 없습니다. 메시지를 남겨드릴까요?
Sender	• No, thanks. I will call back later. 아닙니다. 제가 나중에 다시 걸겠습니다. • Yes, please leave a message that I want her call me back. This is Brian Kim. 네, 제게 전화 부탁한다고 메시지 남겨주세요. 저는 Brian Kim입니다.

줄리, 공항까지 태워줄 수 있나요?

Jullie	Hey, Brian. This is Jullie. What's going on? 안녕, 브라이언. 나 줄리야. 무슨일이야?
Brian	Hi, Jullie! Would you do me a favor? 안녕, 줄리. 부탁이 있는데 들어줄 수 있어?
Jullie	Sure, what's that? 물론, 뭔데?
Brian	Can you give me a ride to the airport? 공항까지 태워줄 수 있어? Can you give me a lift home?[1] 집까지 태워줄 수 있어?
Jullie	• Sure, I can. 물론이지. • Sure, I will give you a ride. 물론, 내가 태워줄게. • Sure, I'd be happy to drive you there. 물론, 거기까지 기꺼이 데려다줄게.

1 ride 대신 lift를 사용하기도 한다.

내가 태워줄까요?

A	• Do you need a ride?[2] 내가 태워줄까요? • Can I drive you there? 내가 거기까지 데려다줄까? • I can give you a ride. Where are you going? 내가 태워줄 수 있어. 어디에 가니?
B	Would you? Thank you so much. 그래? 정말 고마워.
A	My pleasure. What time should I pick you up? 천만에. 내가 너를 언제 태우러갈까?
B	Pick me up in front of my apartment at 5. 5시에 내 아파트 앞에서 태워주면 돼.

2 'Can I give you a lift'라고 표현하기도 한다.

MEMO

Situation 19

약속 잡고 식사하기

사람들과 만남을 위해서는 시간과 장소를 약속해야 한다. 만남을 약속하기 위한 표현들은 한국식 표현과 거의 유사하여 한국식으로 생각하여 말해도 큰 무리는 없다. 하지만 우리에게는 생소하지만 미국식 표현들을 잘 알아두어서 보다 유창한 대화를 해보자. 또 누군가를 초대할 경우에 사용하는 표현들도 잘 익혀서 원만한 대인관계를 형성해보자.

언제 만나는 것이 가장 좋습니까?
금요일 2시가 좋을 것 같습니다

A	• When is the best time for you to meet? 언제 만나는 게 가장 좋습니까? • What time is the best for you to meet me? 저를 만나는 데 가장 좋은 시간이 언제입니까? • What time works best for you? 언제가 가장 좋으세요? • Where do you want to meet? 어디서 만나길 바라세요?
B	• This coming Friday at 11 am would work well for me to meet. 돌아오는 금요일 오전 11시에 만나는 것이 가장 좋을 것 같습니다. • How about if we meet in lobby lounge of Olin library at 2:00pm? 오후 2시 올린도서관 로비라운지에서 만나는 게 어때요? • Is it okay to meet at 6? 6시에 만나는 게 괜찮나요? • How about 2pm next Friday? It would be nice to see you. 다음 주 금요일 오후 2시 어때요? 그때 당신을 보는 게 좋습니다. • My time is flexible, so please let me know your preference.[1] I will make the time to meet you.[2] 저는 시간을 조정할 수 있으니, 당신이 선호하는 시간을 제게 알려주세요. 저는 그 시간에 맞출 수 있습니다.

1 '~을 나에게 알려주다'라는 표현으로 'Please let me know~'는 가장 많이 사용된다. '선호하는 시간'이라고 해서 Preferent time이라고 하지 않음을 유의하자.

2 상대방의 '시간에 맞출 수 있다'라는 표현을 할 때 매우 유용한 표현이다.

내일 점심식사를 같이 할 수 있을까요?

A	• Do you have time to meet me for lunch tomorrow?[3] 내일 점심 때 저와 식사 같이할까요? • Can you meet me for lunch tomorrow? 내일 점심 같이할까요? • How about lunch next Tuesday? 다음주 화요일에 점심 어때요?
B	• Sure, which restaurant you would like? 물론이죠, 어떤 레스토랑이 좋으세요? • Sure, do you have a time and place in mind? 물론이죠, 혹시 생각해둔 시간이나 장소가 있나요?
A	I'd like to invite you to a Korean restaurant SHILLA. Have you ever been there? 당신을 한국음식점 신라로 초대하고 싶습니다. 거기에 가본 적이 있나요?
B	• I have never tried the restaurant. I would be glad to eat there. 그 식당은 가본 적이 없습니다. 거기에 가서 식사하고 싶습니다. • I have already tried there. It was nice. I would be glad to eat there. 그 식당은 이전에 갔었어요. 괜찮았습니다. 거기에 가서 식사하고 싶습니다.

3 직역하면 '내일 점심을 위해 나를 만날 수 있는 시간이 있나요'인데 점심 때 식사를 같이 하자는 표현이다.

점심식사 같이 하실래요?

A	It is time to have lunch. Let's have lunch together. 점심식사할 시간이네요. 같이 점심식사하시죠.
B	• It sounds good. What are you in the mood to eat? 좋습니다. 무슨 음식을 먹고 싶으세요? • Sorry, I just had breakfast at home. How about having lunch tomorrow? 미안합니다만, 집에서 아침식사를 한지 얼마 되지 않았습니다. 내일 점심은 어떠세요? • I had a big breakfast, so I'm not hungry.[4] 아침식사를 많이 먹어서, 지금 배고프지 않습니다.

4 '~식사를 많이 또는 적게 하다'를 표현할 때 have a big (or small) ~ 라고 표현한다.

Situation 20

작별 인사: 한국으로 떠나요

미국에서 생활을 마치고 한국으로 돌아갈 때 동료, 동네사람, 친구 등 주위 사람들과 작별 인사를 하기 마련이다. 미국을 떠나기 전에 주위 사람들과 원활한 대화를 통해 석별의 작별 인사를 나누고 후일의 만남을 기약해보자.

다음 주에 한국으로 떠나요

A	• I will be leaving next Wednesday.[1] 저는 다음 주 수요일에 떠날 예정입니다. • I'm leaving on December 13, so I'd like to say goodbye to you. 저는 12월 13일에 떠납니다. 그래서 당신에게 작별 인사를 하고 싶습니다.
B	I'm sorry to hear that you're leaving soon. Do you depart at JFK airport? When? 당신이 곧 떠난다는 소리를 들으니 아쉽네요. JFK 공항에서 출발하나요? 언제 출발하나요?
A	Right. My flight leaves JFK at 9:45, but there is one hour stopover (layover) in Chicago. I will take a direct flight from Chicago to Seoul leaving at 12:00. 맞습니다. 오전 9시 45분에 JFK 공항을 출발합니다만, 시카고에서 1시간 머무릅니다. 12시에 시카고에서 서울까지 직접 가는 비행기를 탑니다.

1 '떠날 예정이다'를 표현할 때 I will be leaving ~이나 I am leaving ~ 모두 가능하며 특별한 차이는 없다.

미국에서 얼마 동안 지내셨죠?

B	How long have you been in the U.S.? 미국에서 얼마 동안 있었나요?
A	I have been almost 11 months since I came here. I was originally planning to stay for a year, but I leave a month earlier. 제가 이곳에 온지는 거의 11개월 정도 되었네요. 저는 원래 1년 동안 머무를 계획이었는데, 한 달 일찍 떠납니다.
B	Did you spend an useful time here? 여기서 유용한 시간을 보냈었나요?
A	• Yes. My time was productive.[2] 네. 생산적인 시간이었습니다. • Yes. I had a productive time and enjoyed all my actlvilies here.[3] 네. 생산적인 시간을 가졌고 여기서 내가 할 일들을 즐겼습니다.

2 아직 떠난 것은 아니지만 과거형 동사를 사용함을 유의하자. 또 I spent ~ 라고 해도 틀린 것은 아니지만 My time was ~라고 표현하는 것이 자연스럽다.

3 직역하면 '나에 관한 모든 활동들을 즐겼다'로 번역이 되지만, 실제 '나에 관한 모든 일들을 즐겁게 수행했다'라는 의미이다.

떠날 준비로 바쁘겠군요? 누가 공항까지 데려다 주나요?

B	I think you are busy to prepare for leaving, right? 떠날 준비하느라 매우 바쁠 것 같다는 생각이 듭니다. 그러시죠?
A	Yes. Now I'm packing my stuff and have to decide which stuff I will ship or I will bring with me.[4] 네. 현재 짐을 싸고 있는데, 어떤 짐을 우편으로 부치고 어떤 짐을 직접 가져갈지를 결정해야 합니다.
B	Is someone taking you to the airport? 누가 공항까지 데려다 주나요?
A	James will give me a lift. 제임스가 태워줄거에요.

4 ship은 '우편으로 물건을 보내다'라는 표현이다. 예: I have to ship these books (나는 이 책들을 우편으로 보내야 한다). 또 짐을 직접 들고 간다라는 표현으로 carry 동사가 아닌 bring 동사를 사용함을 주의하자.

다음에 또 봐요~ 안전한 여행하세요~

B	When you go back to Korea, what will you miss?[5] 한국에 돌아가면 무엇이 그리울 것 같습니까?
A	I will miss everything here. 이곳의 모든 것들이 그리울 것 같습니다.
B	I hope to see you again.[6] Have a safe trip. 당신을 다시 보기를 바랍니다. 안전한 여행하세요.
A	Thanks. See you. 감사합니다. 또 봐요.

5 When you go back to Korea는 '한국에 돌아갔을 때'라 아니라, '한국에 돌아가면'이라는 의미이다. 또한 '한국에 돌아가면'이라는 의미로 'if you go back ~ '해도 틀리지는 않지만 'when you go back ~ '라고 표현함을 유의하자.

6 '후일 정말 다시 만나기를 희망한다'는 의미도 있지만, 통상 작별 인사로도 많이 사용하는 표현이다.

저자소개

이 을 터 (eulteo@kunsan.ac.kr)
고려대학교 경영학박사
미국 코넬대학교 박사 후 연구원(Post-Doctor Fellow) 및
연구교수(2004~2005, 2011~2012)
현재 (국립)군산대학교 경영학부 부교수

Real체험 미국여행·생활영어

초판발행 2013년 6월 25일
중판발행 2014년 5월 25일

지은이 이을터
펴낸이 안종만

편 집 우석진·전채린
표지디자인 김문정
기획/마케팅 김원국
제 작 우인도·고철민

펴낸곳 (주) 박영사
서울특별시 종로구 평동 13-31번지
등록 1959. 3. 11. 제300-1959-1호(倫)
전 화 02)733-6771
f a x 02)736-4818
e-mail pys@pybook.co.kr
homepage www.pybook.co.kr
ISBN 978-89-6454-482-2 13740

정 가 10,000원